Peter Klasvogt

Leidenschaftlich kirchlich

Peter Klasvogt

LEIDENSCHAFTLICH KIRCHLICH

Kirche wächst aus ihrem Urspung

BONIFATIUS

Imprimatur. Paderbornae, d. 27. m. Novembris 2012
Nr. A 58-21.00.2/895. Vicarius Generalis Alfons Hardt

**Bibliografische Information
der Deutschen Nationalbibliothek**
Die deutsche Nationalbibliothek verzeichnet diese Publikation in der Deutschen Nationalbibliografie; detaillierte bibliografische Daten sind im Internet über http://dnb.ddb.de abrufbar.

FSC
www.fsc.org
MIX
Papier aus verantwortungsvollen Quellen
FSC® C011558

ClimatePartner
klimaneutral gedruckt
Die CO_2-Emissionen **dieses Produkts wurden** durch CO_2-Emissions-**zertifikate ausgeglichen.**
Zertifikatsnummer:
53323-1303-1005
www.climatepartner.com

Umschlagmotiv: Gemälde (Öl auf Leinwand) von
Nicola Marotta, Alghero; Privatbesitz
Umschlaggrafik: Sabine Pelizäus

ISBN 978-3-89710-511-9

Gesamtherstellung: Bonifatius GmbH Druck · Buch · Verlag Paderborn

Inhalt

Reifungsprozesse

Zu-Mutungen Gottes als Mut-Proben der Kirche –
Die Kirche Gottes und ihr Führungspersonal

In dankbarer Erinnerung
an Chiara Lubich,
die mir die „passione per la Chiesa"
ins Herz gelegt hat

LEIDENSCHAFTLICH KIRCHLICH?!

Der Titel provoziert: *leidenschaftlich kirchlich*, gewissermaßen gegen den Strich landläufigen Empfindens gebürstet. Allenfalls könnte man sich in einer Zeit, in der sich der kritische Zeitgenosse distanziert und unabhängig gibt, dazu hinreißen lassen, sich als religiös oder gläubig zu bezeichnen, wenn's sein muss, auch aus Leidenschaft. Aber „leidenschaftlich kirchlich"? Das passt nicht recht in die Landschaft unseres Unterhaltungs- und Kulturbetriebs, in der der Niedergang der Institutionen und insbesondere der Kirche oft beschrieben, gelegentlich auch beschworen wird. Hingabe, Leidenschaft und Herzblut sind den meisten Menschen durchaus bekannt. Aber für eine religiöse Botschaft und kirchliche Institution? Klingt das nicht schon verdächtig nach Totalidentifikation, Intoleranz und religiösem Fanatismus?

Wer dieses Buch in die Hand nimmt, wird zuallererst mit den oben beschriebenen Klischees aufräumen müssen, und mancher Leser sieht sich vielleicht ungewollt vor die Frage gestellt, woran er denn aus ganzem Herzen glaubt, wofür er sich mit all seiner Kraft einsetzt, worauf er im Letzten baut. Der Autor, im innerkirchlichen Dialog mit seinen pastoral-spirituellen Implikationen ebenso zu Hause wie im sozialethisch-gesellschaftlichen Diskurs, vermittelt dem Leser einen ungewöhnlichen und zugleich faszinierenden Blick auf eine Kirche, die für ihren Selbstvollzug Maß nimmt an der Ursprungsgestalt, wie sie sich aus den Zeugnissen ihrer Geburtsstunde herauslesen lässt.

Dabei war auch damals nicht alles Gold, was glänzt! Die Kirchenchronik des Anfangs spart auch die Versuchungen und Fehlversuche einer Kirche, die sich erst allmählich in die Zeitlichkeit schickt und um die Struktur ihrer Sendung ringt, nicht aus. Doch vermittelt die Lektüre der apostolischen Ursprungsgeschichte das Gefühl, dass jene Anfängerkirche bei aller Unfertigkeit und Unbeholfenheit ein Geist der Besonnenheit und Stärke umweht und sich in ihr das Bewusstsein durchträgt, dass Gott selbst in all der Vorläufigkeit und Begrenztheit Regie

führt: das Wort breitet sich aus, der Geist führt die Kirche, der Herr selbst ist in ihr gegenwärtig. Da liegt es nahe, angesichts aktueller Unübersichtlichkeiten und Unsicherheiten, denen die Kirche in der Gegenwart ausgesetzt ist, bei jener Glaubensgewissheit und Glaubenserfahrung der Urkirche Anleihen zu machen und im Vertrauen auf Gottes Führung die Einheit des Geistes zu wahren und gleichermaßen überlegt und leidenschaftlich die Wege des Glaubens zu gehen – provozierend attraktiv in einer säkularen Welt.
Auch Tomáš Halík fragt in seinem Buch „Geduld mit Gott" (2010), ob und wie wir die Wahrheit über die Kirche, über die Gemeinschaft der Glaubenden, erfassen und verstehen können. Zur Illustration lässt er Sancho Pansa und Don Quijote auf der Bühne dieser Frage auftreten: Sancho Pansa, auf seinem Maulesel, und Don Quijote, auf seinem Pferd Rosinante, durchqueren Spanien und treffen auf die Dulcinea von Toboso. Sancho Pansa sieht in ihr die derbe Bauernmagd, Don Quijote die große Dame. Tomáš Halík fragt: Wer hat Recht? Sancho Pansa, der einfach nur hinschaut und die Realität aus seiner Perspektive wahrnimmt, oder Don Quijote, der in dem Bauernmädchen auch die große Dame entdeckt. Die Antwort Halíks ist ebenso schlicht, wie überzeugend: Beide haben recht. Cervantes lehrt uns mit dieser Szene, dass die Wahrheit nicht nur eine Seite hat, sondern dass wir möglichst vielschichtig und vielseitig wahrnehmen müssen, dass verschiedene Gesichtspunkte richtig sein können. Und das gilt auch im Blick auf die Kirche. Aber nur, wer in diesem Sinne leidenschaftlich liebt wie Don Quijote, sieht das, was Kirche auch ist, was in ihr und durch sie möglich werden kann.
Rund 50 Jahre nach dem II. Vatikanischen Konzil wäre es an der Zeit, die Phase zersetzender Selbstkritik und larmoyanter Klage über (vermeintliche) Fehlentwicklungen und Rückschritte in der Kirche allmählich zu beenden. Man ist auch in der kirchlichen Öffentlichkeit des Lamentierens müde und ist sich zunehmend der Fruchtlosigkeit bewusst. Die leitende Frage ist nicht länger: Was hätte sein können und sollen? Sondern: Wie gestalten wir aktiv Verantwortung und bringen uns mit Idealismus und Tatkraft in die Kirche ein? Wenn nicht alles täuscht,

zeichnet sich gewissermaßen ein Trend vom Konjunktiv zum Indikativ ab, vom Optativ zum Futur. Was wird möglich, wenn wir uns vom Geist führen lassen und leidenschaftlich kirchlich sind?
Kirche und Welt wären ärmer ohne jene, die leidenschaftlich für ihren Glauben und ihre Überzeugungen einstehen, selbstbewusst und demütig zugleich. Von Charles de Foucauld, einem der großen geistlichen Denker des letzten Jahrhunderts, stammt das Wort: „Von dem Moment an, da ich wusste, dass es Gott gibt, konnte ich nicht anders, als mit ganzer Kraft für ihn zu leben.“ Dazu braucht es Menschen, die sich von der pfingstlichen Dynamik ergreifen lassen, die am Anfang der Kirche evangelisierend und kirchenbildend war, im wahren Sinn des Wortes Geistliche und Geistbewegte, denen es um Gott und deswegen auch um die Kirche geht: Kirchenliebhaber, die – nicht unkritisch, aber engagiert – für eine Kirche eintreten, die, wenn auch mit Makeln und Runzeln behaftet, doch liebenswert und liebenswürdig, ja heilig ist.

München, im Jahr des Glaubens 2012

Reinhard Kardinal Marx

Erzbischof von München und Freising

Zur Einführung

Ad fontes! Zu den Quellen!

Wer am Fuße des Paderborner Doms steht, kann erstaunt feststellen, wie dort überall Wasser hervorsprudelt. Mehr als 150 Quellen brechen hier auf: unter dem Dom, der alten Kaiserpfalz, in den umliegenden Auen. So viele Quellen, dass ein Fluss daraus entsteht: die Pader, die just unterhalb des Doms ihren Anfang nimmt.
Das erinnert mich an die Vision des Ezechiel, jene phantastische Geschichte aus dem Alten Testament, in der ein Prophet davon träumt, dass unter der Schwelle des Tempels in Jerusalem Wasser hervor strömt (vgl. Ez 47,1-12). Ausgerechnet Ezechiel, wird mancher denken, der Untergangsprophet, der die politische und religiöse Katastrophe seines Volkes, die Verwüstung Jerusalems und Verschleppung nach Babylon miterleben muss – ohne Hoffnung auf baldige Rückkehr. Und ausgerechnet jener Tempel, der dem Erdboden gleich gemacht worden war und dessen Trümmer für die traurige Gewissheit zu stehen schienen, dass Gott sein Volk verlassen, der Gottesglaube Israels sich verbraucht hat. Die Tempelruine – Symbol einer Religion, die ihre Kraft schon lange verloren hat.
Im Traum also steht Ezechiel wieder an dem Tempel in Jerusalem, in seiner ganzen Pracht auf wunderbare Weise wieder aufgebaut. Und nicht nur das. Genau dort sieht er Wasser hervorquellen, das hinab ins Kidron-Tal und in die Wüste Juda fließt und von dort ins Tote Meer. Eine Zukunftsvision, die in den Augen des Propheten und in seiner Hoffnungsperspektive bereits Glaubensgewissheit ist. Ezechiel malt seinen Glaubensbrüdern und -schwestern fern von der Heimat und fern vom Tempel das Bild einer wieder erstarkten Religion, von der noch Lebenskraft ausgeht, die die Wüste wieder zum Blühen bringt und Totgeglaubtes zum Leben erweckt. Denn wohin dieses Wasser kommt, so beschreibt der Prophet seine Vision, da kehrt das Leben zurück. Das salzige Wasser wird gesund, im

Toten Meer gibt es wieder Fische, die Wüste wird ein Garten. Nicht genug damit! Der Prophet muss auf Gottes Geheiß auch noch evaluieren, wie sich das neue Leben ausbreitet: Wasserstandsmeldungen für das Wirken Gottes in den Wüsten dieser Welt. Eine unglaubliche Vision! Wirklich ein Traum, keine Träumerei. Alles wird lebendig, alles wird heil. Keine Wüste ist so öd und kein Meer so tot, dass Gott nicht auch dort Quellen des Lebens aufbrechen lassen könnte. Quellen, die aus seinem Heiligtum sprudeln.

Im Ursprung liegt Zukunft, so die prophetische Botschaft auch in äußerst bedrängter Zeit. Das ist mehr als nur ein Durchhalteappell für Menschen am Rande der Verzweiflung. In der Perspektive des Glaubens ist Gott auch in Zeiten geistig-religiösen Niedergangs am Werk. Dann ist erst recht die Zeit, um im wahren Sinn des Wortes „zu-grunde" zu gehen, an den Wurzelgrund der eigenen Identität und an jene Quelle des Heils, aus der Gott auch heute sein belebendes und wiederbelebendes Wasser fließen lässt.

Zu den Quellen also! Das dürften wir uns auch heute ins Gedächtnis rufen, wenn wir den Rückgang des kirchlichen Lebens und den Bedeutungsverlust der Kirche in der pluralen Gesellschaft beklagen. Unsere altehrwürdigen Heiligtümer sind zwar in der Regel nicht zerstört (sie stehen schließlich unter Denkmalschutz), aber immer mehr von ihnen stehen leer, werden umgewidmet oder einfach zugemacht. Und den verlassenen Glaubensorten entspricht oft auch die innere Verfassung einer Glaubensgemeinschaft, die den vermeintlich guten alten Zeiten nachtrauert und sich nostalgisch nach längst verblassten Kirchenbildern zurücksehnt. Es stimmt: die Kirche in unserem Land ist gewissermaßen „in die Jahre" gekommen; es hat sich im Laufe der Zeit einiges angesammelt und abgelagert, was überkommener Ballast ist und nicht zum Wesenskern ihrer Sendung gehört. In vielem wirkt sie unzeitgemäß, manchem gilt sie gar als altersschwach. Aber es steckt noch Leben in ihr, das an die ursprüngliche Kraft ihrer Sendung erinnert. Es bedarf einer Rückbesinnung auf die Quellen, der Gewärtigung ihres Ursprungs und der Erneuerung aus der Kraft ihrer Sendung.

Genau da hat auch das Zweite Vatikanische Konzil angesetzt, das am 11. Oktober 1962 eröffnet wurde. Angesichts mancher Klage über eine verstaubte und erstarrte Kirche hatte Papst Johannes XXIII. der ganzen Kirche ein „Aggiornamento" verordnet und dem Konzil Türen und Fenster zur Welt weit aufgestoßen. Im Rückgriff auf Christus, das ***„Licht der Völker"*** (***Lumen Gentium***), fand das Pastoralkonzil seine eigene Bestimmung als ***„Heilszeichen für die Welt"*** (***sacramentum mundi***), für den Konzilstheologen Karl Rahner ***„der erste amtliche Selbstvollzug der Kirche als Weltkirche"*** (Schriften XIV, S. 287-302 [288]).

Doch wie kann die Kirche, die in ihrem Rucksack den Schatz von Jahrhunderten durch die Zeit trägt, wieder jene Ursprünglichkeit des Anfangs wiedergewinnen und in ihren Reformbemühungen bei jener Ursprungserfahrung ansetzen, aus der sie hervorgegangen ist? Mit den neutestamentlichen Schriften hat sie in ihrem Langzeitgedächtnis nicht nur das Christusereignis bewahrt, sondern auch den Übergang zur Kirchwerdung festgehalten. Im Einzelnen sind es drei ganz grundsätzliche Fragen, die sich aus heutiger Sicht an die Kirche des Anfangs stellen – und die den Rhythmus der weiteren Überlegungen vorgeben: ***Wie wird Kirche – und wie wächst sie? Wie gewinnt sie ihr Führungspersonal? Wie entwickelt sie eine Zukunftsperspektive?*** Natürlich können weder die Apostelgeschichte – wohl weniger eine detailgenaue Chronik als eine idealisierte Hoffungsgeschichte –, noch die apostolischen Briefe aus der Frühzeit der Kirche Antworten auf unsere Fragen im 21. Jahrhundert geben. Aber es lassen sich Strukturprinzipien erkennen, die für die Erneuerung der Kirche aus ihrem Ursprung durchaus eine Dynamik entwickeln können.

Wenn man fragt, was der Kirche heute fehlt, ist es vielleicht am ehesten jene aus der Christusbegegnung erwachsene Überzeugtheit und Leidenschaftlichkeit, die die Kirche des Anfangs auch über Hindernisse hinweg getragen und sie auch gegen Widerstände hat wachsen lassen. Es bräuchte etwas von der Leidenschaft eines Elija, der nach der harten Durststrecke durch die Wüste seines Lebens selbst in dem ***„sanften Säuseln"*** (1 Kön 19,12) die Wirkmacht Gottes erkennt und sich an diesem Wendepunkt seiner geistlichen Existenz zurückschicken lässt in die Wüsten der Welt. Was für ein Auftrag, und was für eine Berufung, Träger der „*erwachenden Leidenschaft*" Gottes für sein Volk, für Welt und Mensch, zu sein (vgl. Joel 2,18). Es wäre unserer Kirche auch heute zu wünschen.

A. Wachstumsdynamik

Chronologie des Aufbruchs in geistlicher Perspektive – Kirchwerdung im Spiegel der Apostelgeschichte

Auf die Frage nach den großen Trends im neuen Jahr antwortete der Zukunftsforscher Eike Wenzel um die Jahreswende 2012: *„Wir werden weniger gierig sein.“* Das lässt Kirchenleute natürlich aufhorchen, die schon lange darauf warten, dass nach dem Desaster einer exzessiven Selbstbedienungsmentalität, die die Welt an den Rand des wirtschaftlichen Niedergangs, der Staatspleiten und ökologischen Katastrophen geführt hat, eine neue Nachdenklichkeit und Ernsthaftigkeit einsetzt und die Einsicht wächst, dass wir Heutigen nicht auf Kosten künftiger Generationen und die reichen Länder nicht zu Lasten der armen leben können. Es gebe weiterhin, so der Zukunftsforscher, den ungebrochenen „Megatrend Spiritualität“, der allerdings weitgehend an den Kirchen vorbeigehe. Denn die Kirche, so das Lebensgefühl der Menschen, berühre nicht ihre Wirklichkeit und habe ihnen nichts zu sagen. Jedenfalls erwarte man von ihr keine Antwort auf die drängenden Fragen von heute und wende sich in spirituellen Fragen eher fernöstlichen Religionen zu und vertraue den Praktiken des „New Age“. Keine schmeichelhafte Prognose für die Kirche in Westeuropa.

Man muss natürlich nicht glauben, was Sozialwissenschaftler von sich geben, und mag die Ergebnisse ihrer Forschung erst recht nicht gutheißen. Aber so harsch die Kritik auch sein mag: der Verdacht, dass Kirche und Welt verschiedene Wege gehen und sich nichts mehr zu sagen haben, sich in geschlossenen, inkompatiblen Systemen bewegen, soll auch schon manchem Kirchenliebhaber gekommen sein. Doch anstatt in den Kammerton der Klage zu verfallen und zum Rückzug in die selbstgewählte Isolation zu blasen, hat schon das Zweite Vatikanischen Konzil ganz im Gegenteil gerade die Fenster zur Welt weit aufgemacht und zum Dialog mit der Gegenwartskultur

herausgefordert. Schon gleich in seiner Eröffnungsansprache hat Papst Johannes XXIII. vor solchen *„Unglückspropheten"* gewarnt, die überall nur Niedergang sehen und den Verfall des einstmals christlichen Abendlandes beklagen. Er hielt denen entgegen: *„Wir aber sehen die Menschheit in eine neue Ordnung eintreten und erkennen darin einen göttlichen Plan."* Hatte die Kirche bislang Mühe, mit den rasanten gesellschaftlichen Veränderungen und Entwicklungen der Menschheit Schritt zu halten, machte es sich das Konzil gerade zur Aufgabe, in einem Prozess der Selbstvergewisserung wieder sprech- und gesprächsfähig – und damit anschlussfähig – zu werden, bereit für die konstruktive Auseinandersetzung mit der zeitgenössischen Welt über Wahrheit und Werte und die wertschätzende Begegnung mit allen Menschen guten Willens. *Dialog* und *Dienst* avancierten auf Vorgabe des Konzilspapstes Paul VI. zu den zentralen Leitworten und Leitmotiven im Laufe der Kirchenversammlung. Das Ereignis des Konzils, so beschrieb es ein Beobachter, war die Erfahrung eines *„neuen Pfingsten"*, die Rückbesinnung auf die Geburtsstunde der Kirche, als die Jünger vom Geist Gottes übermächtigt wurden und die Menschen in je ihren Sprachen die Großtaten Gottes verkündigen hörten: Kirche wächst aus ihrem Ursprung!
Papst Paul VI. resümierte in seiner Schlussansprache zur Beendigung des Konzils, wie sich *„die jahrhundertealte Religionsgemeinschaft, welche die Kirche ist"*, in einem Prozess der *„Selbstüberprüfung"* dem Wirken des Geistes geöffnet hat: *„Indem die Kirche sich auf sich selbst besann, drang sie in die geheimsten Kammern ihres Bewusstseins, nicht um sich an gelehrten religionspsychologischen oder kirchengeschichtlichen Untersuchungen zu gefallen, auch nicht, um mühevoll ihre alten Rechte wiederzuerlangen oder ihre Gesetze zu beschreiben, sondern um – in sich selbst lebend und durch den Heiligen Geist wirkend – das Wort Christi besser zu verstehen, um tiefer in das Geheimnis einzudringen, das den Plan Gottes mit ihr und seine Gegenwart in ihr umgibt."*[1] Die Neubesinnung auf das Wort Gottes und das vertiefte Bewusstsein seiner Gegenwart bescherte der Kirche, so die überraschende Entdeckung der Konzilsteilnehmer, eine neue Lebendigkeit, Aktualität und Attraktivität. Warum sollte

das nicht auch für die Kirche unserer Tage gelten? Doch dazu muss man auch heute an den Ursprung ihrer Sendung zurückgehen.

Überraschung des Geistes – Kirche im Werden

Das Überraschende: dass Kirche überhaupt ist und nicht vielmehr nicht ist. Denn mit dem Tod Jesu am Kreuz ist eigentlich alles aus, noch ehe es überhaupt richtig begonnen hatte, so mussten Zeitzeugen und Chronisten das Jesus-Ereignis, eine Episode in der Geschichte, im Augenblick des Scheiterns interpretieren: wir lesen von dem Kokon der Traurigkeit, den eine Maria Magdalena umgibt („*man hat meinen Herrn weggenommen*"; Joh 20,13), von der ängstlichen Verschlossenheit der Apostel („*aus Furcht vor den Juden*" bei verschlossenen Türen; Joh 20,19), der enttäuschten Klage der Emmaus-Jünger („*wir aber hatten gehofft*"; Lk 24,21), der pragmatisch-banalen Zukunftsplanung eines Petrus und seiner Mitstreiter („*ich gehe fischen*"; Joh 21,3). Der von Jesus verkündete und in ihm bereits anwesende Aufschwung des anbrechenden Gottesreiches (vgl. Mk 1,15), so scheint es, fällt in sich zusammen, das Leben der Apostel ist um eine enttäuschte Hoffnung ärmer. Jüngerschaft Jesu im Niedergang. Wie es scheint, hat das alte System, haben die Funktionäre religiöser und politischer Macht die Aufwallung von Veränderung und Erneuerung noch einmal in den Griff bekommen. Für sie ist es nach eingehender Analyse besser, so jedenfalls die johanneische Interpretation, „*wenn ein einziger Mensch für das Volk stirbt, als wenn das ganze Volk zugrunde geht*" (Joh 11,50). Fazit: alles bleibt, wie es ist. Der Status quo bleibt gewahrt. Dem Volk, das im Dunkel für kurze Zeit ein helles Licht gesehen hat (vgl. Mt 4,16; Lk 1,79), wurde dieses Licht schnell wieder ausgepustet. Das macht die Nacht der Gottesfinsternis nur noch schwärzer.

Der an Pfingsten einsetzende Aufschwung, „*das aufstrahlende Licht aus der Höhe*" (Lk 1,78), beileibe nicht von den ängstlich zusammengeschlossenen Jesus-Getreuen gemacht und schon gar nicht inszeniert, ist die überraschende heilsgeschichtliche

Wende, die sich ihnen ereignet. Nicht Niedergang, sondern Neuanfang. *„Der Geist des Herrn ruht auf mir"* (Lk 4,18), so die wundersame Feststellung der Jünger, die sich in der Sendung Jesu wiederfinden. Was bei Jesaja prophetisch angesagt wurde und in Jesus angebrochen ist, findet durch den Bruch des Kreuzes hindurch jetzt seine Erfüllung in der Zeit, da die Gottgesandten (wir nennen sie „Apostel") mit der Geistsendung Jesu betraut werden. Seine Worte klingen in ihnen wider: *„Er [der Geist] hat mich gesandt, damit ich den Armen eine gute Nachricht bringe; damit ich den Gefangenen die Entlassung verkünde und den Blinden das Augenlicht; damit ich die Zerschlagenen in Freiheit setze und ein Gnadenjahr des Herrn ausrufe"* (Lk 4,18; vgl. Jes 61,1f; 29,18; 58,6).

Kirche lebt seitdem – durch alle Umbrüche und Abschwünge hindurch – in dieser Aufschwungdynamik des Geistes, und es kommt je und je darauf an, sich dieser Heilswirklichkeit, die dem eigenen Erleben so oft entgegensteht, neu zu vergegenwärtigen. Doch ist es eine Dynamik, die vorwärtstreibt. So sehr der Geist Gottes am Werk ist und alles in Christus erneuern will (vgl. Eph 1,10), gilt es doch auch wahrzunehmen, was noch nicht geistdurchwirkt ist, auch in der Kirche. So vollzieht sich der Pilgerweg der Kirche in dieser Spannungseinheit, ausgespannt zwischen Ideal und Wirklichkeit, zwischen Verheißung und Erfüllung.[2] Ausgestattet mit einer absolut einmaligen „message", nichts weniger als der Heilsbotschaft schlechthin, der des anbrechenden Gottesreiches, die sie der Menschheit zu überbringen hat, bleibt sie selbst doch immer wieder hinter ihrem eigenen Anspruch zurück und muss sich mühen, je selbst auf der Höhe ihrer Berufung zu leben. Doch allen Zerbrechlichkeitserfahrungen zum Trotz blitzt durch die Jahrhunderte hindurch immer wieder etwas von jener Herrlichkeit auf, die Gott in sie hineingelegt hat, und die sich je neu entfaltet und erschließt unter dem Antrieb des Geistes.

I. Dynamik des Geistes – Communio und Missio

Es ist ein spannendes Unternehmen, Kirchengeschichte unter dem Aspekt ihrer geistlichen Dynamik zu lesen, insbesondere in ihrer Anfangszeit und Ursprungsdynamik, jener Phase der Initialzündung, wie sie die Apostelgeschichte beschreibt. Sie gibt den Blick frei auf eine Kirche, die klein und schwach, aber glaubensstark und selbstbewusst erscheint, im Bewusstsein ihrer göttlichen Mission den ihr anvertrauten Schatz der Gottesherrlichkeit zum Leuchten bringt, bis an die Grenzen der Erde. Charakteristisch für die Kirche in ihrer Ursprünglichkeit, jedenfalls in der Deutung der Apostelgeschichte, ist die Ausrichtung auf die Kraft (*dynamis*) aus der Höhe[3], die Offenheit und Bereitschaft, Gott an und in sich wirken zu lassen, geisterfüllt und geistbewegt. So zeigt sich der *Neue Weg*, wie diese geistliche Gruppierung zunächst genannt wird, als eine Kirche in Erwartung des Geistes, der nach innen eint; aber zugleich auch als eine Kirche, die erfüllt ist vom Geist, der nach außen drängt, und die auf die Führung des Geistes vertraut, der sie in ihrer Mission begleitet. All dies – natürlich – nicht ohne Schwierigkeiten, Auseinandersetzungen, Klärungsprozesse. Doch im Abstand zeigt sich, wie jenes Feuer, das der Heilige Geist in der anschaulichen Schilderung des Lukas in Feuerzungen auf die Apostel herabkommen lässt, sich binnen weniger Jahrzehnte zu einem Flächenbrand entwickelt, der die jüdische Religion wie die römische Staatsmacht in ihren Grundfesten erschüttern sollte. Eine Perspektive, die sich auch für den heutigen Pilgerweg der Kirche als aufschlussreich und tragfähig erweisen sollte. Erkenntnisleitendes Interesse ist allerdings kein primär historisches oder exegetisches, sondern ein geistliches: der Ursprungsdynamik der Kirche in ihren Anfängen inne zu werden und sich von jener geistlichen Dynamik auch heute inspirieren und herausfordern zu lassen.

Communio und Missio: Tiefe und Weite, Einung nach innen und Ausdehnung nach außen sind gewissermaßen die Koordinaten und bestimmen den Rhythmus kirchlichen Selbstvollzugs. Es ist die Besinnung auf die geistliche Mitte, die Gegenwart des Auferstandenen inmitten der Seinen, der seine Kirche auch heute dazu anhält, nach Außen zu gehen und mit Freimut (*parrhesia*) die Botschaft vom anbrechenden Gottesreich zu verkündigen: gefestigt in der Einheit und bereit zu missionarischem Aufbruch. Warum sollte die Kirche nicht auch heute dieselbe Erfahrung wie zu ihren Anfängen machen: dass das Wort sich ausbreitet und die Zahl der Gläubigen wächst. Ein Blick in die Apostelgeschichte kann da zu inspirieren.

1. Einheit in Christus – Matrix kirchlicher Identität

Je nach Quellenlage mag man die Geburtsstunde der Kirche unterschiedlich ansetzen, beim Abendmahl oder unter dem Kreuz, vermittels Geistmitteilung oder Sendungs- und Taufbefehl.[4] Aber die Grundaussage ist dieselbe: die Kirche hat sich nicht selbst erfunden, sie ist gestiftet von Jesus Christus. Er ist der Einheitsgrund der Kirche, sie gründet in ihm und lebt aus ihm. Er ist der Herr und lebt als der Erhöhte inmitten der Seinen. Es ist der Herr, der seiner Kirche die Eucharistie eingestiftet hat und sie zur fortwährenden Memoria anhält: *„Tut dies zu meinem Gedächtnis"* (Lk 22,19; 1 Kor 11,24). Er ist es, der sterbend am Kreuz *„seinen Geist übergibt"* (Joh 19,30) und auf Maria und Johannes als Keimzelle der Kirche herabfließen lässt. Es ist der Auferstandene, der Maria von Magdala als Augenzeugin auf die Jüngergemeinde verweist (Joh 20,17-18), der den Jüngern seinen Geist einhaucht und sie sendet (Joh 20,22). Er schließlich trägt ihnen auf, alle Menschen zu seinen Jüngern zu machen und sie auf den Namen des Vaters und des Sohnes und des Heiligen Geistes zu taufen. Er ist bei ihnen *„bis zum Ende der Welt"* (Mt 28,19f). Die Apostelgeschichte schließlich sieht in dem Pfingstereignis, der Herabkunft des Heiligen Geistes, die entscheidende Initiation der Kirchwerdung, die aus verstörten und verängstigten Jüngern mutige Verkünder des *Neuen Weges* macht (Apg 1, 12-14).

Wenn man den neutestamentlichen Befund zusammennimmt, wird man schlicht festhalten dürfen, dass die Jünger in jener von Unsicherheit und Unübersichtlichkeit gezeichneten Phase des Übergangs, zwischen Tod und Auferstehung Jesu und der Geistsendung, so scheint es, das einzig Richtige getan haben: sie bleiben beisammen im Geist dessen, der sie aus ihren je unterschiedlichen Lebenskontexten heraus in seine neue Familie berufen und – in johanneischer Diktion in testamentarischer Absicht – um ihre Einheit gebetet hat: *„denn sie sollen eins sein ...“* (Joh 17,22).
Jene vom Herrn erbetene, für die junge Kirche konstitutive Einheit ist weder exklusiv noch uniform. Schon im Abendmahlssaal weitet sich der Blick Jesu über den vor ihm versammelten engsten Jüngerkreis hinaus auf all jene, *„die durch ihr Wort an mich glauben“* (Joh 17,20); und wer nur ein wenig die Persönlichkeitsprofile der Jünger studiert, mag erahnen, welche Sprengkraft in ihrem Miteinander lag und welches Konfliktpotential da noch auf die junge Kirche wartete. Der Verlauf der Apostelgeschichte bestätigt diese Vermutung.
Doch jene vom Herrn erbetene und verlangte Einheit, die nachgerade ein Wesensmerkmal der Kirche ist[5], umschreibt mehr als nur eine höfliche Form der Distanz und Toleranz, mehr auch als die Beschränkung auf ein gemeinsames Bekenntnis oder die freundschaftliche Geste eucharistischer Gastfreundschaft. Nach christlichem Verständnis meint Einheit eine Lebensform, den Lebensstil der gegenseitigen Liebe (Joh 13,34f), getreu dem neuen Gebot Jesu, woran die Jüngergemeinde erkannt werden soll (vgl. Joh 13,34f) – unitas affectiva et effectiva. Ein Ideal, dem es immer noch hinterherzulaufen gilt.[6]
Nach johanneischer Lesart hat die Weise, wie Jesus *„im Vater“* ist, geradezu Modellcharakter für die Einheit der Jünger und, wie man hinzufügen darf, für die Einheit der Kirche: *„Wie du, Vater, in mir bist und ich in dir bin, sollen auch sie in uns sein, ... und ich habe ihnen die Herrlichkeit gegeben, die du mir gegeben hast; denn sie sollen eins sein, wie wir eins sind, ich in ihnen und du in mir“* (Joh 17,21-23).

Jene Einheit im Vollsinn des Wortes ist gewissermaßen der hermeneutische Schlüssel, um das Wachstum der Kirche, ihre missionarische Ausbreitung zu begreifen. Die Einheit der Jünger Jesu gründet auf der gemeinsamen Erfahrung, denselben Erlebnissen und derselben Betroffenheit, mit der sie sich, jeder persönlich, von Jesus haben ansprechen und hineinziehen lassen in jene Dynamik des von ihm verkündeten anbrechenden Gottesreiches. Sie basiert auf der Lebensgemeinschaft mit diesem Jesus, doch nicht nur mit dem Herrn und Meister selbst, sondern auch mit all den anderen, die sich ebenfalls in seiner Jüngergemeinde wiederfanden. Es ist derselbe Lebensstil der Einheit, den sie nun als nachösterliche Jüngergemeinde Jesu an den Tag legen, wollen sie dem Auftrag Jesu und ihrer Sendung entsprechen. So unterschiedlich sie sind: sie alle sind erfüllt von derselben Hoffnung, derselben Erwartung, dass Gott sein Reich wiederherstelle: jetzt, mit ihnen, auch durch die Wunde des Todes Jesu hindurch. Irgendwie.
In Anbetracht der unübersichtlichen Lage und des bedrohlichen Szenarios im Zusammenhang mit der Hinrichtung Jesu bleiben die Jünger beisammen, in seinem Geist und im Gebet, jetzt wieder im Abendmahlssaal, wo Jesus in seiner Lebenseucharistie ihre Einheit begründet hat. *„Als sie in die Stadt kamen, gingen sie in das Obergemach hinauf, wo sie nun ständig blieben: Petrus und Johannes, Jakobus und Andreas, Philippus und Thomas, Bartholomäus und Matthäus, Jakobus, der Sohn des Alphäus, und Simon, der Zelot, sowie Judas, der Sohn des Jakobus. Sie alle verharrten dort einmütig im Gebet, zusammen mit den Frauen und mit Maria, der Mutter Jesu, und mit seinen Brüdern"* (Apg 1,12-14).
Die namentliche Erwähnung der Apostel ist zweifelsohne in Parallele zur Erstberufung der Zwölf zu verstehen (vgl. Lk 6,14-16). Kein Zweifel: Es ist nach Erfahrung von Tod und Auferstehung Jesu gewissermaßen ihre zweite Berufung, die Konstituierung der jungen Kirche, *„zusammen mit den Frauen und mit Maria, der Mutter Jesu, und mit seinen Brüdern"*, eine Gemeinde von immerhin rd. 120 „Brüdern" (Apg 1,15), in der Petrus zweifelsohne mit selbstverständlicher Autorität die Initiative und Leitung wahrnimmt: nach innen, so bei der Wahl des Matthias

(Apg 1,15-26), wie nach außen, unübersehbar in seiner Pfingstpredigt (Apg 2,14-36).

Erfüllt vom Heiligen Geist

Die Einheit der Jüngergemeinde Jesu in seinem Geist und Gedenken ist untrüglich das Signum der jungen Kirche, in Erwartung des versprochenen Parakleten, des Trösters und Beistands (vgl. Joh 14,26), des *„Geistes der Wahrheit"* (Joh, 16,13), der *„Kraft (dynamis) aus der Höhe"* (Lk 24,49). So verschieden die Bilder sind, in denen sich nach biblischem Befund Kirche konstituiert: immer ist es der Geist Gottes, der die individuellen Nachfolgebiographien zu einer Gemeinschaft *„im Geist"* zusammenfügt. *„Alle wurden mit dem Heiligen Geist erfüllt und begannen, in fremden Sprachen zu reden, wie es der Geist ihnen eingab"* (Apg 2,1-4).
Es ist bezeichnend, dass jene ursprüngliche „Firmung" allen gleichermaßen zuteil wird, der Mutter Jesu ebenso wie den Führungspersönlichkeiten der werdenden Kirche und all den ungenannten und unbekannten „Frauen" und „Brüdern". Unbeschadet der inneren Führungsstruktur in der Kirche gibt es jenes egalitäre Element gemeinschaftlicher Geistbegabung. Wie dieses Zusammenspiel der unterschiedlichen Geistesgaben zusammenwirkt, hat in der frühen Kirche vor allem Paulus theologisch reflektiert, wenn er die Vielheit der Gaben in der Einheit des Geistes beschreibt, die Differenzierung der unterschiedlichen Glieder, jedes mit je seiner Aufgabe im Zusammenhang des einen Leibes, der Kirche (vgl. 1 Kor 12). Es geht von Anfang an um das geistvolle Zusammenspiel von Einheit und Vielheit, eines der zentralen Themen der Kirche durch die Jahrhunderte, eine Spannung, die nicht einfach aufzulösen ist, sondern dynamisch genutzt werden muss für die Einheit des Ganzen, den Aufbau des Leibes (vgl. Eph 4,11-16).

2. Einheit der Kirche – Hermeneutik des Wachstums

Freimütig im Bekenntnis

Mit dieser Erfahrung der Geistbegabung, der Kraft Gottes aus der Höhe, wird der geschlossene Raum der Einheit aufgebrochen, öffnen sich die verschlossenen Türen des Abendmahlssaales zur Welt. Vom Heiligen Geist erfüllt, beginnen die ersten Christen *„in fremden Sprachen zu reden, wie es der Geist ihnen eingab“* (Apg 2,4). Das Erstaunliche: Diese Sprache versteht die ganze Welt: *„wir hören sie in unseren Sprachen Gottes große Taten verkünden“* (Apg 2,12), gewissermaßen die Einlösung des Auftrags Jesu aus der Bergpredigt, das Licht der Glaubensexistenz leuchten zu lassen, auf dass alle Menschen die guten Werke sehen und den Vater im Himmel preisen (vgl. Mt 5,16). Was beim Turmbau zu Babel als identitätsstiftendes Merkmal gemeint war und doch scheitern musste: die eine gemeinsame Sprache und das eine gemeinsame Turmbauprojekt, wobei man allerdings fatalerweise den einen gemeinsamen Herrn außer Acht gelassen hatte – hier wird jenes menschliche Bemühen in sein Gegenteil gewendet, denn der eine Geist bringt sich den Menschen *„aus allen Völkern unter dem Himmel“* (Apg 2,5) in der Verschiedenheit ihrer Sprachen, Nationalitäten und Kulturen zu Gehör und eint sie zu dem einen neuen Gottesvolk. Die Exklusivität des auserwählten Volkes aufgrund von Abstammung wird abgelöst durch die Katholizität all derer, die Gott *„im Geist und in der Wahrheit anbeten“* (Joh 4,24). Die neue Familie Gottes, in der Christus der *„Erstgeborene von vielen Brüdern“* (Röm 8,29) resp. Schwestern ist, wird nicht mehr durch Blutbande zusammengehalten und nach außen gegen die „Gojim“, die Fremden, abgegrenzt. Das Band des Geistes konstituiert vielmehr die Einheit des neue Gottesvolkes: Alle eins – „ut omnes unum sint“. Auch hier ist es an Paulus, die Implikationen jener Offenheit auf die Vielen theologisch aufzuarbeiten[7], und der Verlauf der ersten Jahrzehnte der Kirchengeschichte zeigt, wie schwer sich die junge Kirche damit tut, in kirchliche Praxis umzusetzen, was sie im Geist bereits „verstanden“ hat: die Integration von Juden- und Heidenchristen in jene universale Heilsgemeinschaft und die Überwindung kultureller, ethnischer, nationaler, sozialer Schranken. Eine Herausforderung, der sich die Kirche bis in die Gegenwart immer wieder gegenübersieht, zugleich ein Erfolgsmodell der Integration und Identität, das sie der Weltgemeinschaft bezeugen kann.

Lebensstil der Einheit

Die Reaktion auf die mutige, geisterfüllte Predigt (nicht nur) des Petrus, sein persönliches öffentliches Zeugnis für Christus, fällt (wohl für die Jünger selbst) überraschend positiv aus und öffnet die Tore für all jene, die vom Geist angesprochen sind und die nun ebenfalls zu einem „Leben im Geist" bereit sind.: *„Als sie das hörten, traf es sie mitten ins Herz ..., und an diesem Tag wurden etwa 3000 Menschen hinzugefügt. Sie hielten an der Lehre der Apostel fest und an der Gemeinschaft, am Brechen des Brotes und an den Gebeten"* (Apg 2,37.41f). Wachstum geschieht nicht nur in die Breite, was an sich schon beeindruckend genug ist; es erfolgt auch in die Tiefe.

Das Bekenntnis des neuen Glaubens muss sich für die Neugetauften in der Praxis des neuen Lebens auswirken, was enorme Integrationsbemühungen der sich formenden christlichen Gemeinde zur Folge haben dürfte. Wesentlich für die Zugehörigkeit zur neuen Gemeinde Jesu ist die Einhaltung gewisser Standards: Die Einheit im Bekenntnis und die Verbundenheit untereinander in der neuen Sozialform der Jüngergemeinschaft: affektiv und effektiv, die gemeinsame Frömmigkeitspraxis, namentlich Gebet und Eucharistie. So überträgt sich das Leben der Apostel, der Lebensstil der Einheit, auf die ganze Gemeinde, zumindest in idealtypischer Hinsicht: *„Und alle, die gläubig geworden waren, bildeten eine Gemeinschaft und hatten alles gemeinsam. Sie verkauften Hab und Gut und gaben davon allen, jedem so viel, wie er nötig hatte. Tag für Tag verharrten sie einmütig im Tempel, brachen in ihren Häusern das Brot und hielten miteinander Mahl in Freude und Einfalt des Herzens. Sie lobten Gott und waren beim ganzen Volk beliebt. Und der Herr fügte täglich ihrer Gemeinschaft die hinzu, die gerettet werden sollten"* (Apg 2,43-47).

Goldene Zeiten, so mag man denken, in der Ideal und Wirklichkeit noch zusammenpassten, jedenfalls in der Erinnerung bzw. Darstellung des Lukas. Die Gemeinde erscheint mit sich und ihrer Berufung identisch, jedenfalls in den Anfangskapiteln der Apostelgeschichte. Aus der gemeinsamen Ausrichtung auf Gott, Einheitsgrund ihrer Zusammengehörigkeit, erwächst der Blick füreinander, der auch die soziale und materielle Seite nicht ausschließt, zum Zeugnis für die Welt.

Spiritualität und Solidarität, Liturgie und Lebensstil sind integrale Bestandteile der Gemeindewirklichkeit. Die Einheit vor und in Gott kann nicht anders als auch zur Einheit untereinander führen, die auch vor dem sozialen und materiellen Ausgleich nicht Halt macht. Dieser Lebensstil der Einheit ist anspruchsvoll und attraktiv zugleich und steht damit seinerseits – zunächst wohl unbeabsichtigt – im Dienst der Evangelisierung: *„Deshalb konnten die Heiden von diesen Christen voller Bewunderung sagen: Seht, wie sie einander lieben"*[8]. Kein Wunder, dass das Leben der Gemeinde ausstrahlt und anziehend wirkt. Doch so viel Missionserfolg kann, so die Vermutung, nicht lange gut gehen. Schwierigkeiten und Widerstände sind vorprogrammiert, im Äußeren wie im Innern.

II. Durchsetzungskraft des Geistes – Widerstand und Wachstum

Missionarisch Kirche sein in größeren pastoralen Räumen, so lautet heute der pastorale Weckruf, der manchen eher verschreckt als begeistert. Neuevangelisierung ist angesagt, vor allem auf dem europäischen Kontinent, und man sieht allseits viele Bemühungen, den Trend der Entchristlichung weiter Landstriche und der geistlichen Verflachung innerhalb der christlichen Gemeinden umzukehren. Bislang mit bescheidenem Erfolg. Da klingt jene selbstkritische Stimme aus dem Umfeld der Deutschen Bischofskonferenz ziemlich provozierend: *„Unserer katholischen Kirche in Deutschland fehlt die Überzeugung, neue Christen gewinnen zu können. Das ist ihr derzeit schwerster Mangel"*.[9]

Die programmatische Aufforderung, *„missionarisch Kirche sein"*, sagt sich so leicht; dabei werden schon mehr als alle Kräfte auf die Aufrechterhaltung bzw. Reorganisation des schon (oder noch) Bestehenden verwandt. Aber wenn es angesichts rückläufiger personaler und finanzieller Ressourcen unter Aufbietung aller Kräfte vielleicht gerade noch einmal gelingt, den pastoralen Standard zu halten, wenigstens für dieses Mal: die Zahl der Messen, der Gottesdienstorte, den durchgestylten Pfarrbrief, die ausgefeilte extensive Erstkommunion- und Firmvorbereitung, die Weiterbeschäftigung kirchlicher Mitarbeiter/-innen, den Weiterbetrieb des Kindergartens, der Schule, der Bildungshäuser ..., braucht es die Kunst des Intermezzo, den Luxus des Nachdenkens, um aus der emotionalen Distanz heraus zu fragen, was unter den veränderten Bedingungen das „Maximum" und was das „Optimum" ist. Denn die Sollbruchstelle verläuft nicht zwischen dem Guten und dem Schlechten – diese Wahl wäre vermutlich schnell zu treffen –, sondern, um mit Katharina von Siena zu sprechen, zwischen dem Guten, das Gott will, und dem Guten, das Gott nicht will. Oft ahnen wir doch schon längst, dass der Rückbau letzten Endes doch nicht aufzuhalten ist.
Wie geht also die Wachstumsdynamik des Reiches Gottes unter säkularen Bedingungen, oft mit einer geschichtlich gewachsenen, kulturell verankerten und gesellschaftlich konditionierten Hypothek belastet, so dass es schwer fällt, einfach unbeschwert wie die Apostel auszuschwärmen und den Glauben zu verkünden?
Angesichts rückläufiger Zahlen und des gesellschaftlichen Bedeutungsverlusts der Kirchen in der postmodernen westlichen Gesellschaft mag mancher sehnsüchtig und neidisch auf die Aufschwungdynamik der Frühzeit der Kirche schauen. Die Apostelgeschichte gibt gleichsam im Zeitraffer einen Eindruck von der rasanten Entwicklung der kleinen Jerusalemer Jesusgemeinde zur kosmopolitischen, weltoffenen, katholischen (im Sinne von weltumspannenden, „aufs Ganze" gehenden) Kirche, die die Grenzen des Judentums sprengt und binnen weniger Jahrhunderte griechische Philosophie wie römisch-staatliche Ordnung durchdringt und umformt. Doch vor jeder romanti-

schen Verklärung sollte man sehr nüchtern die Kleinteiligkeit und Mühseligkeit jenes Wachstumsprozesses mitbedenken, der gerade aufgrund der Widerstände und Rückschläge um so mehr zu würdigen ist.

1. Wachstumsbedingungen: Communio und Communicatio

Dass sich gegen das attraktive Angebot jener urchristlichen Jüngergemeinde schon bald Widerstand formierte, war nach der Vorgeschichte, die ja zum Tod Jesu selbst geführt hat, abzusehen. Entsprechend blieben auch die neuen christlichen Gemeinden und ihre Führungspersönlichkeiten vor Neid und Verfolgung nicht verschont.
Das zeigt sich gleich zu Anfang in der Verhaftung und dem Verhör der beiden führenden Apostel, Petrus und Johannes, vor dem Hohen Rat (vgl. Apg 4,1-22; 5,17-42). Diese Situation ist gewissermaßen der Lackmustest, ob es sich bei den feurigen Predigten der Apostel nur um ein Strohfeuer handelte, oder ob daraus wirklich ein Flächenbrand werden könnte. Doch die Standfestigkeit der beiden Führungspersönlichkeiten der jungen Kirche lassen keinen Zweifel: *„Ob es vor Gott recht ist, mehr auf euch zu hören als auf Gott, das entscheidet selbst. Wir können unmöglich schweigen über das, was wir gesehen und gehört haben"* (Apg 4,19f). Man hat den Eindruck, dass der Außendruck genau das Gegenteil erreicht: Die Entschiedenheit der Apostel wird dadurch nur gestärkt, und jeder Erfolg gegenüber den religiösen oder staatlichen Autoritäten bestärkt die Gemeinde in ihrer Überzeugung. Die beiden Apostel haben jedenfalls die Prüfung bestanden; weitere Prüfungen werden folgen, die dann auch nicht mehr so vergleichsweise harmlos ausgehen, sondern das Leben fordern.
Schwieriger wiegen schon die Widerstände im Innern. Ähnlich wie rd. 300 Jahre später, als unter Kaiser Konstantin das Christentum hof- und salonfähig wurde und die Massen anzog, ist der Preis der Öffnung nach außen eine Verflachung nach innen. Kirchenmitgliedschaft wird zum *main stream*: es wird attraktiv

und ist vorteilhaft, zur Gemeinde zu gehören, aber eben nicht aufgrund der Begeisterung und Leidenschaft der Gründerzeit, sondern zu „herabgesetzten Preisen" des persönlichen Vorteils. Auch das muss die Jüngergemeinde schon sehr bald in den eigenen Reihen erfahren. Im Fall der beiden Gemeindemitglieder *Hananias und Saphira* (Apg 5,1-11), die für einen Betrug gestraft werden, geht es nicht um Maximalforderungen wie Gütergemeinschaft und Armut. Das Thema ist nicht die Radikalität des neuen Lebensstils, sondern die Unehrlichkeit, Doppelbödigkeit, Heuchelei einzelner Gemeindemitglieder. Beide tun so, alles würden sie alles geben, behalten aber etwas zurück. Auch für die junge Gemeinde ist klar: Solidarität ist Ausdruck der inneren Glaubenshaltung und kann nicht verordnet werden. Geben und Nehmen spiegelt das Leben der Gemeinde und ist Ausdruck der Liebe, nicht das Abzahlen von Steuern und Beiträgen. Der Lebensstil der Einheit und der gegenseitigen Liebe beruht auf Freiwilligkeit, aber ebenso auf Ehrlichkeit und Transparenz. Dagegen verstoßen die beiden, was Petrus ihnen vorwirft: *„Hätte es nicht dein Eigentum bleiben können und konntest du nicht auch nach dem Verkauf frei über den Erlös verfügen? Warum hast du in deinem Herzen beschlossen, so etwas zu tun? Du hast nicht Menschen belogen, sondern Gott"* (Apg 5,4). So liegt fortan das Augenmerk nicht nur auf der Ausbreitung des Glaubens, sondern auch auf der Integration der Hinzukommenden in die Gemeinde. Es braucht eine Verständigung auf die verbindende und verbindliche geistliche Lebensgrundlage. Nach dem ersten Impuls, der Konstituierung als christliche Gemeinde, gilt es für die Einzelnen wie für die Gemeinde als ganze, das Feuer der „ersten Liebe" wach zu halten und auf der Höhe ihrer Berufung zu bleiben (vgl. Offb 2,4). Dies bleibt ein Dauerthema für die Christenheit durch die Jahrhunderte hindurch bis heute.

Auch hier ermutigt ein Blick in die Apostelgeschichte, Belegexemplar für eine missionarische Kirche, die sich wie eine Erfolgsgeschichte liest, trotz der z.T. erheblichen Schwierigkeiten von außen und Spannungen im Innern. Und der Richtungsstreit geht bis zum Zerreißen. Kennzeichnend für die Wachstumsdynamik der frühen Kirche ist jedoch, dass die wahrlich nicht geringen Widerstände die junge Christengemeinde nicht niederdrücken, sondern sie im Gegenteil herausfordern und in ihrer Sendung bestärken. Jene praktizierte geistliche Gemeinschaft bewahrt, wie es scheint, vor Resignation und Larmoyanz. Die *Communio*, die Gemeinschaft der Gläubigen, lebt von der *Communicatio*, der gegenseitigen geistlichen Auferbauung, aber auch der sozialen Kommunikation über den positiven Ausgang schwieriger Situationen, über Bekehrungen Einzelner und über die Neugründungen von Gemeinden. So erleben die Gemeinden, dass sich dem Glauben entgegen allen negativen Entwicklungen wie Verhaftungen, Verfolgungen, Tötungen etc. immer auch wieder neue Türen öffnen: wie Petrus auf wunderbare Weise aus dem Gefängnis befreit wird; wie der ärgste Christenverfolger – Saulus – sich bekehrt und ein glühender Verfechter des *Neuen Weges* wird; wie die Gute Nachricht in fernste Gegenden gelangt und auch Heiden den Glauben annehmen.

2. Wachstumsdynamik – Cooperatio und Missio

Es wäre zu einfach, lediglich von der Aufbruchsstimmung und Aufschwungdynamik in der Frühzeit der Kirche zu schwärmen oder sie mit Verweis auf besonders günstige Wachstumsbedingungen aufgrund der zeitlichen Nähe zum Ursprung und der personalen Kontinuität mit den Aposteln abzutun. Dabei übersieht man leicht, dass die Bekehrungen doch eher bescheiden ausfallen und der Zuwachs der Gemeinde, sieht man einmal vom „Erfolg" der Pfingstpredigt des Petrus, durchaus im überschaubaren Rahmen stattfindet; dass es auch im Innern der Gemeinde Rangeleien um Posten und Auseinandersetzungen um inhaltliche Positionen, um Grundsatzdebatten und Richtungsentscheidungen der Jünger des *Neuen Weges* ging. Allerdings fällt auf: die Verfolgungen führen zu Zerstreuung, aber nicht zur Vereinzelung, die Rückschläge bewirken nicht Entmutigung, sondern ermutigen zum freimütigen Zeugnis und erreichen im Gegenteil die Gründung weiterer kirchlicher Zellen. Auch damals waren die Zahlen klein und die Probleme groß;

man denke nur an die Schwierigkeiten, die Paulus mit der Gemeinde in Korinth hat. Aber die Grundhaltung war positiv von jenem Geist der Verbundenheit untereinander und dem Vertrauen in die Führung des Geistes bestimmt. Die (mit)geteilte Freude über einzelne Missionserfolge, aber ebenso der konstruktive Umgang mit Niederlagen und Schwierigkeiten, so scheint es, haben das Wachstum der jungen Gemeinde entscheidend beeinflusst, nach innen wie nach außen. In dieser Hinsicht könnten wir, wie mir scheint, auch heute durchaus bei unseren älteren Glaubensbrüdern und -schwestern in die Schule gehen. Einige Stichproben möchten dies im Folgenden belegen.

Kernkompetenz und Organisation – Assistenten der Apostel (Apg 6,1-7)

Allen Anfeindungen und Widerständen zum Trotz: der *Neue Weg* breitet sich rasant aus. Und es macht Mühe, die Konsistenz nach innen hin zu halten, um effektiv nach außen hin zu wirken. In Zeiten, in denen manches drunter und drüber geht, tut es Not, sich gelegentlich die Grundberufung und Kernkompetenz der Kirche damals wie heute ins Gedächtnis zu rufen. Die *missio apostolica* ist rückgebunden an die *communio apostolica* der Gläubigen mit dem Herrn und untereinander.
Es mag erstaunen, aber auch dieses Problem hatten bereits die Amtsträger der frühen Kirche. *„In diesen Tagen, als die Zahl der Jünger zunahm, begehrten die Hellenisten gegen die Hebräer auf, weil ihre Witwen bei der täglichen Versorgung übersehen wurden"* (Apg 6,1). Man kann sich die pastorale Situation in der Urgemeinde gut ausmalen: vieles geht durcheinander; nicht alle bekommen die Beachtung, die sie verdienen; die Apostel verheddern sich im Verteilungsstress und vergessen dabei das Beten und das Verkündigen. Phänomene, die uns – unter etwas anderen Vorzeichen – auch nicht unbekannt sind.
Aber der größere Stress führt nicht zu kurzatmigen, hektischen Problemlösungsaktivitäten, sondern zu gründlicher Überlegung und grundsätzlichen Strategien. Er löst ein gemeinsames Fragen, Überlegen und Ringen aus, nicht nur in der Gemeinde-

leitung, sondern im ganzen Gottesvolk: Was will Gott uns damit sagen? Wie soll es weiter gehen? Wie können wir im Licht und im Geist des Evangeliums die anstehenden Probleme lösen? Wie können wir den Erwartungen der Menschen gerecht werden, ohne unsere eigene Berufung und Sendung zu vernachlässigen? *„Da riefen die Zwölf die ganze Schar der Jünger zusammen und erklärten: Es ist nicht recht, dass wir das Wort Gottes vernachlässigen und uns dem Dienst an den Tischen widmen. Brüder, wählt aus eurer Mitte sieben Männer von gutem Ruf und voll Geist und Weisheit; ihnen werden wir diese Aufgabe übertragen. Wir aber wollen beim Gebet und beim Dienst am Wort bleiben"* (Apg 6,2-4).

Was machen also die Apostel, nachdem das Problem erkannt ist? Sie nehmen Leitung wahr, unter Partizipation der ganzen Gemeinde. Es wird eine Gemeindeversammlung oder Synode einberufen, auf der das Problem benannt und beraten wird. Der Vorschlag der Apostel, der schließlich die Zustimmung aller findet: sie delegieren, verteilen die Lasten auf mehrere Schultern. Es ist zwar nicht von einer Findungskommission die Rede, aber sie suchen und finden geeignete Leute, die geistlich motiviert und bereit sind, an einem konkreten Projekt – der Armenversorgung – mitzuarbeiten. *„Der Vorschlag fand den Beifall der ganzen Gemeinde, und sie wählten Stephanus, einen Mann, erfüllt vom Glauben und vom Heiligen Geist, ferner Philippus und Prochorus, Nikanor und Timon, Parmenas und Nikolaus, einen Proselyten aus Antiochia"* (Apg 6,5).

Auf ein drängendes Problem finden die Apostel eine intelligente, kreative und zugleich geistlich inspirierte Antwort. So kommt es zur „Erfindung" einer neuen Figur in der Ausgestaltung des geistlichen Amtes. Ein absolutes Novum. Auch wenn die sieben „Assistenten" nicht Diakone im Sinn des später ausgeprägten kirchlichen Amtes sind, so kann man doch von einer Präfiguration eines neuen Typs von kirchlichem Mitarbeiter sprechen. Was hier in dürren Worten angedeutet wird, ist doch ein atemberaubender Eingriff in die sich allmählich entwickelnde Ämterstruktur, getragen von dem Vorverständnis, dass es doch mehr geben müsse, die bereit sind, sich Gott zu weihen; und wenn eine Aufstockung des Apostelkollegiums, aus wel-

chen Gründen auch immer, nicht geht (die Zwölferzahl ist zu diesem frühen Stadium der noch judenchristlichen Gemeinde mit Blick auf die Symbolzahl der zwölf Stämme Israels sakrosankt), dann eben in einem neuen Amt, berufen durch die Gemeinde und unter dem Zeichen von Gebet und Handauflegung. *„Sie ließen sie vor die Apostel hintreten und diese beteten und legten ihnen die Hände auf"* (Apg 6,6). Was an dieser pragmatischen Lösung bemerkenswert erscheint, ist, dass sozusagen Verwaltungsleiter mit Managementqualitäten für die Gemeindeorganisation gebraucht werden: Leute, die mit der Verteilung materieller Güter betraut sind, werden damit in das geistliche Amt eingebunden und leben dies als geistliche Berufung. Was das für streitbare und zugleich tief religiöse Männer sind, zeigt sich ja alsbald im Martyrium des Stephanus, eines jener Neugeweihten. Die Frucht ist eine größere Einheit (die ganze Gemeinde betet) und ein tieferer Friede – eine geistliche und zugleich pragmatische Lösung, und all dies in wachstumsorientierter Perspektive: *„Und das Wort Gottes breitete sich aus und die Zahl der Jünger in Jerusalem wurde immer größer"* (Apg 6,7).
Angesichts der heutigen Ämterdiskussionen mag dieser Blick auf die frühe Kirche durchaus inspirierend wirken. Unter der Führung des Geistes ist Entwicklung nicht nur möglich, sondern notwendig gefordert, gerade auch da, wo man an Grenzen stößt. Die Wiederbelebung des Ständigen Diakonats in der Folge des Zweiten Vatikanischen Konzils ist ein Beleg aus der neueren Zeit, und beileibe nicht der einzige. Auch die Vielfalt der pastoralen Dienste, die seit dem Konzil entstanden sind, zeigt doch einen ungeheuren Reichtum an geistlichen und kirchlichen Berufungen aus Taufe und Firmung – eine analoge Entwicklung, in der man an eine Grenze gestoßen ist und kreativ, unter der Inspiration des Geistes, ein Tor aufgestoßen hat. Ähnliches ließe sich von der aktiven Mitwirkung und Partizipation vieler ehrenamtlicher Gemeindemitglieder sagen, die in ihren Pfarrgemeinden Verantwortung wahrnehmen: in der Liturgie, beim Gemeindeaufbau oder gesellschaftlichen Engagement. Wäre es nicht sinnvoll, auch diesbezüglich kreativ weiterzudenken und sich vom Heiligen Geist zu neuen Formen gottgeweihten Lebens und pastoraler Verantwortung inspirie-

ren zu lassen, anstatt sich etwa an der Frage der Zulassungsbedingungen zum Priesteramt zu verbeißen? Warum sollte es nicht auch heute gelingen, das Potenzial derer, die sich in der Kirche bzw. im Auftrag der Kirche engagieren wollen, aus einer geistlichen Motivation heraus und mit dem Einsatz ihres ganzen Lebens, entsprechend zu beauftragen und einzubinden, verbunden mit einer Verpflichtung zu geistlichem Lebensstil. Eine ähnliche Entwicklung zeichnet sich bereits angesichts des Rückgangs vieler traditioneller Orden in dem Zuwachs der neuen Kirchlichen Bewegungen ab, in denen mit nicht minderer Entschiedenheit Gelübde und Versprechen abgelegt und neue geistliche Kräfte zum Aufbau der Kirche freigesetzt werden.

Spiritualität und Pastoral – Philippus und der Kämmerer (Apg 8,26-40)

Wozu diese neugeweihten Mitarbeiter der Apostel fähig sind, zeigt höchst anschaulich jene Episode der Taufe des äthiopischen Kämmerers, nachgerade die Mustererzählung einer Pastoral, die den Einzelnen in den Blick nimmt, die sich nicht aufdrängt, sich aber auch in der Verantwortung weiß und in die Pflicht nehmen lässt. Sie zeigt Philippus, einen der vorgenannten sieben neuernannten Amtsträger, der sich hier vom Anfang bis zum Ende vom Geist Gottes bewegen lässt, auch abseits der traditionellen Gemeinplätze, gleich ob Gottesdienstgemeinde oder Event-Katholizismus, den es auf diese Weise sogar bis in öde, wüste Gegenden verschlägt: nicht gerade der ideale Ort, um reiche „Beute" zu machen und Menschen für Gott zu gewinnen. *„Ein Engel des Herrn sagte zu Philippus: Steh auf und zieh nach Süden auf der Straße, die von Jerusalem nach Gaza hinabführt. Sie führt durch eine einsame Gegend"* (Apg 8,26). In Jerusalem oder Samarien wäre sicher ein fruchtbarerer Boden für die Rekrutierung hoffnungsvollen Glaubensnachwuchses. Doch der reiche Fischfang, das können wir von Philippus lernen, ist nicht Ergebnis von Marktforschung und Strategie. Seine Methode ist viel urtümlicher das Hören auf die innere Stimme – auf die Stimme des Geistes oder auf den Engel des Herrn, wie es heißt.

Und gerade dort im vermeintlichen Abseits, jenem einsamen Ort, trifft er auf einen prominenten Gottsucher, den äthiopischen Finanzminister, der eine halbe Weltreise auf sich genommen hat, um in Jerusalem, dem renommierten internationalen Wallfahrtsort, anzubeten (*proskynesis*). Aber den Durchbruch hat es allem Anschein nach nicht gegeben; die heiligen Schriften bleiben ihm verschlossen. Vielleicht braucht es wirklich Wüste, die Erfahrung von Leere, Mangel, Einsamkeit, um zum Wesentlichen durchzustoßen und nach dem Ausschau zu halten, der auf den Wagen des eigenen Lebens aufspringen und das Buch des eigenen Lebens deuten und verstehen helfen kann.

So ergeht es auch dem afrikanischen Wallfahrer in der Einöde vor Gaza. Ausgerechnet dort trifft er auf Philippus, der zudem die Klugheit besitzt, sich nicht aufzudrängen und den Fremden mit seiner Weisheit zu überrollen, der aber vom Geist her versteht, an dem fremden Gottsuchenden „dran" zu bleiben. *„Der Geist aber sagte zu Philippus: Tritt hinzu und hefte dich an den Wagen!"* (Apg 8,29). Philippus hat Taktgefühl. Er überfällt den Fremden nicht einfach mit seiner Predigt und gibt nicht schon Antworten auf nie gestellte Fragen, aber er läuft mit, bereit, jederzeit Rechenschaft zu geben über die Hoffnung, die ihn erfüllt (vgl. 1 Petr 3,15). Philippus versucht zu verstehen, was den anderen bewegt, und entdeckt, wo er in der Kommunikation mit dem Fremden anknüpfen kann: bei dessen geistlicher Suche im „Buch des Lebens". *„Philippus lief hin und hörte ihn den Propheten Jesaja lesen. Da sagte er: Verstehst du auch, was du liest? Jener antwortete: Wie könnte ich es, wenn mich niemand anleitet?"* (Apg 8,30).

Es ist eine Kommunikation *en passant*, die aber zum Wesentlichen führt. Und beide, Gottesmann wie Gottsucher, stellen sich gemeinsam unter das Wort, das verbindet. Da ist es nur logisch, dass der Kämmerer den Apostel bittet, neben ihm auf seinem Lebenswagen Platz zu nehmen und ihm das Wort der Schrift zu deuten. *„Und er bat den Philippus, einzusteigen und neben ihm Platz zu nehmen"* (Apg 8,31). Bei dem Schriftgespräch geht es beileibe nicht um Nebensächliches. In der Schriftstelle vom leidenden Gottesknecht berührt der Gottsu-

chende gewissermaßen die Mitte der Schrift, zugleich den zentralen Punkt jeder existentiellen Sinnsuche: die Frage nach dem Leid und die Rede von Christus als dem Gekreuzigt-Auferstandenen. *„Der Kämmerer wandte sich an Philippus und sagte: Ich bitte dich, von wem sagt der Prophet das? Von sich selbst oder von einem anderen? Da begann Philippus zu reden und ausgehend von diesem Schriftwort verkündete er ihm das Evangelium von Jesus*" (Apg 8,34f). Philippus stellt sich den Fragen seines Gegenübers. Er belässt es nicht bei ein paar eindrucksvollen, aber letztlich wirkungslosen Kommentaren oder gar bei gefälliger Konversation. Er unterbietet nicht den Anspruch des Glaubens, sondern fordert sein Gegenüber heraus und führt zur Entscheidung.
Philippus sieht sich so lange gegenüber dem Katechumen in der Pflicht, bis dieser sein neu gefundenes Gottesverhältnis besiegeln will: im JA-Wort der Taufe. *„Als sie nun weiterzogen, kamen sie zu einer Wasserstelle. Da sagte der Kämmerer: Hier ist Wasser. Was steht meiner Taufe noch im Weg? Er ließ den Wagen halten und beide, Philippus und der Kämmerer, stiegen in das Wasser hinab und er taufte ihn*" (Apg 8,36-38). Auch hier überlässt Philippus es der Initiative des Kämmerers, der um die Taufe bittet. Und ein Letztes können wir von Philippus lernen: die Kunst des Loslassens. Der Äthiopier wird entlassen in seine Sendung in der „Welt", in die Finanzverwaltung seines Landes und sein Leben bei Hofe, der Apostel in seine Seelsorge: dorthin, wo der Geist Gottes ihn danach bewegen will. *„Als sie aber aus dem Wasser stiegen, entführte der Geist des Herrn den Philippus. Der Kämmerer sah ihn nicht mehr, und er zog voll Freude weiter. Den Philippus aber sah man in Aschdod wieder. Und er wanderte durch alle Städte und verkündete das Evangelium, bis er nach Cäsarea kam*" (Apg 8,*39f.)* Philippus erscheint hier als der Prototyp des Geistbewegten: Nicht der Gemeinde ist er verpflichtet, auch nicht denen, die sich der Apostel heute – mit den Worten des *Kleinen Prinzen* (Antoine de Saint-Exupéry) – *„vertraut gemacht*" hat, sondern dem Geist. Dieser bindet und führt ihn, auch dorthin, wohin er möglicherweise nicht will (vgl. Joh 21, 18).
Diese paradigmatische Erzählung bündelt gewissermaßen wie in einem Brennglas die Glaubens- und Lebenserfahrung der

jungen Kirche, deren pastorales Engagement – im Glücksfall jedenfalls – in der Liturgie abgebildet wird. Denn die Erzählung des gelingenden Lebens hat wohl nicht zufällig die innere Struktur des gottesdienstlich gefeierten Glaubens. Die vom Umfang und Aufwand längste Passage ist die der „Eröffnung", des gemeinsamen Ankommens in der Gegenwart des Herrn, des Zusammenkommens im Geist. Es braucht Zeit, bis man sich des gemeinsamen Stehens vor Gott vergewissert hat: *„Konstituierung des Subjekts"* (Hanspeter Heinz). Dann ist der Boden bereitet für das Hören des Wortes und das Verstehen im Geist. Was bis zum Innern der Erkenntnis durchgedrungen ist, muss dann auch im sakramentalen Zeichen besiegelt werden, sei es – wie hier – in der Taufe, sei es in der „Kommunion" der Eucharistie, in der sakramentalen Lossprechung, dem Akt der Salbung oder der Handauflegung... Doch wer bis zum Innersten vorgedrungen ist, muss sich ins Äußerste senden lassen: Der muttersprachliche liturgische Entlassungsgruß klingt da vergleichsweise harmlos: *„Geht hin in Frieden!"*, denn der Friede, den wir in uns tragen, drängt nach außen, will jeden und alle einbeziehen in die umfassende *pax christiana*. So versteht es auch die Entlassungsformel im lateinischen Ritus: *Ite missa est*! – Geht, es ist Sendung!

Prinzipientreue und Grenzüberschreitung – die Vision des Petrus (Apg 10,9-33)

Doch Wachstum verläuft nur selten in einer linearen Aufwärtsbewegung. Gerade wenn Neues sich zeigt und Türen sich öffnen, führt dies nicht selten zu Unübersichtlichkeiten, Unsicherheiten und in der Folge zu inneren, oft auch internen Konflikten. Erst das Neue macht ja das Alte zum Alten, und es ist schließlich nicht von vornherein ausgemacht, dass das Neue auch das Bessere ist. So stellt sich mit jeder sich öffnenden Tür zugleich die Frage, ob man dem Neuen trauen und Altbekanntes hinter sich lassen soll, oder ob es gerade darauf ankommt, das Bewährte zu schützen und vor dem Neuen zu bewahren. Es braucht beides: Festhalten am Guten und Offensein für Neues, für Wandlung.

„Prüft alles und behaltet das Gute!“ (1 Thess 5,21) – vor dieser Entscheidung steht auch die frühe Kirche und zumal ihr Vormann, Petrus. Aber solche Richtungsentscheidungen sind eingebettet in geistliche Prozesse, in denen der Geist Gottes, wie es scheint, Regie führt. Davon war schon bei dem Missionseinsatz des Philippus die Rede, und so wird es auch von Petrus berichtet. Die Schlüsselszene wird, weil sie so fundamental ist und man sich eigentlich nicht vorstellen kann, dass ausgerechnet Petrus gegen die Tradition und die bewährten Prinzipien verstößt, in der Apostelgeschichte gleich dreimal erzählt. Dazu bemüht Lukas, der Erzähler, sogar eine Parallelvision, und es bedarf der Koinzidenz zweier Träume, gewissermaßen der Begegnung zweier Träumer. Kornelius, ein frommer, aber eben heidnischer Hauptmann der sog. Italischen Kohorte in Cäsarea Maritima, dem Sitz des römischen Statthalters und Standort der römischen Garnison, sieht in einer Vision einen Engel auf sich zukommen, der ihn auffordert, einen gewissen Simon mit dem Beinamen Petrus herbeizuholen.
Etwa zur selben Zeit hat Petrus einige Kilometer weiter in Joppe / Jaffo ein ganz merkwürdiges Erlebnis. Es ist Mittagszeit; Petrus hat gebetet, und während ihm das Mittagessen zubereitet wird, übermannt ihn irgendwann der Schlummer. Er träumt vom Essen, aber was sich ihm da an Essbarem zeigt, lässt jeden frommen Juden erschaudern. Der Blick in den geöffneten Himmel ist für Petrus eher ein Albtraum denn eine *visio beatifica*: *„Er sah den Himmel offen und eine Schale auf die Erde herabkommen, die aussah wie ein großes Leinentuch, das an den vier Ecken gehalten wurde. Darin lagen alle möglichen Vierfüßler, Kriechtiere der Erde und Vögel des Himmels. Und eine Stimme rief ihm zu: Steh auf, Petrus, schlachte und iss!“* (Apg 10,11-13). Petrus wehrt sich mit Händen und Füßen; allein der Gedanke ist unerhört. Die jüdischen Speisevorschriften sind sakrosankt, auch für den Jünger des *Neuen Weges*. *„Nicht doch, Herr! Noch nie habe ich etwas Unheiliges und Unreines gegessen“* (Apg 10,14). Wie schwer tut sich Petrus, traditionale Muster von Glaube und Frömmigkeit abzulegen und sich in die Offenheit des Geistes zu wagen. Es ist eine harte Lektion, die er da lernen muss: *„Was Gott für rein erklärt, nenne du nicht unrein!“* (Apg

10,15). Kaum zu glauben, dass eine solch fundamentale Infragestellung religiöser Praxis auch noch gottgewollt und geistgewirkt sein soll. Doch Gott denkt weiter, sein Geist sprengt unsere allzu engen Kategorien, und in der Tat muss sich diese Vision gleich dreimal wiederholen, um dem aufgeschreckten Petrus nachdrücklich einzuprägen, dass es sich bei dem Undenkbaren tatsächlich um eine göttliche Inspiration und nicht eine Vorspiegelung des Teufels handelt. Die Vorstellung, mit den heiligen Geboten der Religion brechen zu sollen, lässt ihn ratlos, und doch hat er das Gespür, sich diesen undenkbaren Gedanken stellen zu sollen und zu überlegen, *„was die Vision, die er gehabt hatte, wohl bedeutete"* (Apg 10,17). Die kann noch als abstruses Gedankenspiel abgetan werden kann, doch im Kontakt mit den Zumutungen der konkreten Pastoral entpuppt sie sich im Nachhinein als vorbereitende Schlüsselerfahrung. Denn was sich im Traum verscheuchen lässt – und Petrus macht dreimal den Versuch –, lässt sich in der konkreten Begegnung mit dem heidnischen Taufbewerber nicht einfachhin wegwischen: die Abgesandten des Kornelius stehen – auf dessen Vision hin – vor der Tür und fordern Petrus heraus, in das Haus des heidnischen Hauptmanns zu kommen. Und das vorher Undenkbare geschieht: Petrus – immerhin der Führungspersönlichkeit der jungen Kirche! – betritt, unsicher und doch entschlossen, fremdes Terrain, das Haus des Kornelius, allein das schon ein ungesetzlicher Akt und Verstoß gegen den religiös legitimierten Verhaltenskodex: *„Ihr wisst, dass es einem Juden nicht erlaubt ist, mit einem Nichtjuden zu verkehren oder sein Haus zu betreten; mir aber hat Gott gezeigt, dass man keinen Menschen unheilig oder unrein nennen darf"* (Apg 10,28). So kommt es zu dieser ersten geschichtsträchtigen Begegnung, die mit der Taufe des Hauptmanns und seines ganzen Hauses endet: *„Da begann Petrus zu reden und sagte: Wahrhaftig, jetzt begreife ich, dass Gott nicht auf die Person sieht, sondern dass ihm in jedem Volk willkommen ist, wer ihn fürchtet und tut, was recht ist"* (Apg 10,34f). Petrus widersteht der Versuchung, sich dem Wirken des Geistes entgegenzustemmen („was nicht sein darf, das nicht sein kann") und erkennt in dem Widerfahrnis des heidnischen Hauptmann, zu dem der Geist Gottes erstaunli-

cherweise auch gesprochen hat, das Wirken des Geistes – und mehr noch: dass der Geist Gottes niemanden ausschließt, weshalb auch der jungen Kirche dies verwehrt ist. Damit kommt der noch ausschließlich judenchristlichen Gemeinde eine bis dahin ungeahnte universale Dimension ihrer Sendung zu, die sie strukturell weit über das Judentum hinausführt, was sich erst allmählich, beim Apostelkonzil, in ihr Bewusstsein drängt: *„Noch während Petrus dies sagte, kam der Heilige Geist auf alle herab, die das Wort hörten. Die gläubig gewordenen Juden, die mit Petrus gekommen waren, konnten es nicht fassen, dass auch auf die Heiden die Gabe des Heiligen Geistes ausgegossen wurde. Denn sie hörten sie in Zungen reden und Gott preisen. Petrus aber sagte: Kann jemand denen das Wasser zur Taufe verweigern, die ebenso wie wir den Heiligen Geist empfangen haben? Und er ordnete an, sie im Namen Jesu Christi zu taufen*" (Apg 10, 44-48).
Der Bann ist gebrochen, nun gibt es, wie der Kolosserbrief später jubelt, *„nicht mehr Griechen oder Juden, Beschnittene oder Unbeschnittene, Fremde, Skythen, Sklaven oder Freie, sondern Christus ist alles und in allen*" (Kol 3,11).
Das müsste auch uns Heutigen zu denken geben: dass der Geist Gottes möglicherweise auch außerhalb von Kirchenleitung und jenseits der Gemeindegrenzen am Werk ist und binnenkirchlich allzu Selbstverständliches und fraglos Überkommenes in Frage stellt. Kämen wir heute etwa, um ein Beispiel zu nennen, ernstlich auf den Gedanken, wir sollten bei den Exponenten des sozialökologischen, postmaterialistischen, liberal-intellektuellen oder adaptiv-pragmatischen Milieus (Sinus-Institut Heidelberg, 2011) auf geistliche Spurensuche gehen? Wahrscheinlich müsste uns – wie einst dem Petrus – erst eine aufschrekkende Vision in dem Anfangsverdacht bestärken, es auch hier möglicherweise mit dem Wirken des Geistes Gottes zu tun zu haben ...
In unserer biblischen Erzählung jedenfalls ist entscheidend, dass Petrus sich hinsichtlich seiner neu erwachsenen Erkenntnis und der von ihm vollzogenen Tat treu bleibt. Jener (Alb-) Traum der Missachtung sakrosankter Vorschriften und die einmalige generöse Geste gegenüber dem heidnischen Taufbewerber bleiben keine Episode, sondern haben Konsequenzen

für Petrus selbst wie für die ganze Gemeinde, vor der Petrus seine Grenzüberschreitung offensiv rechtfertigen muss (vgl. Apg 9,11-18). Denn es bleibt nicht bei diesem Einzelfall. Der Vorfall hat vielmehr grundsätzliche Bedeutung und führt zu strukturellen Konsequenzen. Paulus und Barnabas haben in Antiochien ähnliche Erfahrungen gemacht und werden auf dem Apostelkonzil berichten, wie der Geist Gottes auch außerhalb der definierten judenchristlichen Arkanschranken wirkt. Ein richtungsentscheidender Moment für die junge Kirche, da die visionäre Idee des universalen Heilswillens Gottes plötzlich auf eine geschichtlich-konkrete Praxis stößt: die Weitung der kleinen judenchristlichen Sekte zur grenzüberschreitenden Glaubensgemeinschaft. Auch hier ist es dann Petrus, der die ihm widerfahrene paradoxe Intervention des Geistes in das pastorale Handeln der jungen Kirche einbaut.
Man mag an manch erbitterten Richtungsstreit auf und erst recht nach dem Zweiten Vatikanischen Konzil erinnert sein, der die Kirche gerade auch im westlichen Europa in den letzten Jahrzehnten geprägt und gelähmt hat: vorwärts oder rückwärts? Verwässern wir unser Ideal, wenn wir uns den Herausforderungen der Gegenwart stellen und offensiv darauf eingehen, oder verraten wir im Gegenteil gerade unseren Auftrag, wenn wir die Hochform überkommener Christgläubigkeit gegen die Angriffe der Moderne konservieren und verteidigen? Ist es der Geist, der da spricht, oder eher der Versucher und Durcheinanderwerfer (*diabolos*)? Die Unterscheidung fällt nicht leicht. Wir stehen in so großen und heiligen Traditionen, haben großartige geistlich inspirierte und kirchlich bestätigte Regeln, bewegen uns seit jeher in so bewährter Praxis, dass eigentlich kein Grund zur Veränderung besteht und auch wenig Neigung zu Veränderungen gegeben ist. Da kann es sein, dass wir, um das Heilige zu schützen, gerade in Gefahr sind, das Heilige um seine Kraft zu bringen. Die Tradition, die eingespielte und manchmal auch eingefahrene Praxis muss sich in der Regel nie rechtfertigen. Der Maßstab ist immer das Bestehende und Vergangene. Unter Rechtfertigungs- und Legitimationsdruck ist immer das Neue. Aber es gibt auch eine „Verhärtung im Guten": dass Menschen in ihren Vorstellungen und Überzeu-

gungen so festgefahren sind, dass sie für jeden geistlichen Impuls unempfänglich und gegen jede geistliche Infragestellung immun sind.

Doch wie können solche Trägheitsmomente in verfestigten Institutionen überwunden, sich verselbständigende Abläufe überprüft, erstarrte und sinnentleerte Rituale aufgebrochen und den Herausforderungen der Zeit je neu angepasst werden, ohne doch auf eine unerleuchtete Anbiederung hinauszulaufen? Es braucht die Gabe der Unterscheidung und den Mut zur Entscheidung – im beiderseitigen Respekt, ohne sich gegenseitig die gute Absicht und die ehrliche Sorge um den rechten Weg der Kirche abzusprechen. Hier ist insbesondere Führung gefragt, wie Petrus im vorliegenden Fall der Durchbrechung der Arkanschranken eindrucksvoll unter Beweis gestellt hat. Darin zeigt sich auch die Schwere der Verantwortung, die dem Leitungsamt in der Kirche aufgebürdet ist und die nicht einfach auf das Votum der (trägen oder emotional engagierten) Mehrheit abgeschoben werden kann. Grenzen, Regeln, Strukturen sind Ordnungsinstrumente, die dem Leben der Gemeinschaft Kontinuität, Stabilität, letztlich Identität verleihen. Sie können aber auch wachstumshemmend sein und sind dann dafür verantwortlich, dass das Leben sich nicht weiterentwickelt, sondern zurückbildet und erstarrt. Wo also ist das zarte Pflänzchen geistlicher Gemeinschaft zu schützen, und wo muss ihm Beschneidung zugemutet oder auch ein „Freilandversuch" zugelassen werden?

Diese Herausforderung stellt sich insbesondere den Kerngemeinden, den engagierten Laien und verantwortlichen Gemeindeleitern. Die Kirche braucht in ihrer Mitte und an ihrer Spitze Menschen mit geistlichem Weitblick. Sie sind wie Seismographen für die Erschütterungen und Entwicklungen in Kirche und Gesellschaft, dazu bereit und befähigt, auch die überraschenden und irritierenden Interventionen des Geistes als solche zu erkennen und zu deuten – und im binnenkirchlichen Raum für deren Akzeptanz zu werben. Es ist letztlich die Richtungsangabe, die Jesus seinen Jüngern vorgegeben hat, als er sie als „Vor-Läufer" – jeweils zu zweit! – vorausschickte *„in alle Städte und Ortschaften, in die er selbst gehen wollte"* (Lk

10,1). Petrus jedenfalls hat, zusätzlich befeuert durch eindrucksvolle Visionen, diese seine Lektion allem Anschein nach gelernt.

Richtungsstreit und Zukunftsperspektive – das Apostelkonzil (Apg 15,6-29)

„*Das Wort des Herrn aber wuchs und breitete sich aus*" (Apg 12,24) – wie ein Refrain durchzieht diese Siegesmeldung die Apostelgeschichte, allen Misserfolgen und Niederlagen zum Trotz. Zuvor war gerade von der Hinrichtung des Jakobus und der Verhaftung des Petrus berichtet worden, aber auch von dessen wundersamen Befreiung und dem Tod des alten Widersachers Herodes Agrippa. Insbesondere Paulus erweist sich als ein phantastischer Apostolatshelfer, der rastlos für die Frohe Botschaft des *Neuen Weges* eintritt. Doch auch das schafft Probleme.

Es sagt sich so leichthin, man würde lieber die Probleme des raschen Wachstums lösen als die Bewältigung von Abbrüchen oder die Organisation des Rückzugs. Doch auch Wachstumskrisen müssen bewältigt werden, wie der Blick auf die Apostelgeschichte zeigt. Der Ausbreitung des Glaubens muss notwendig eine Vertiefung der gemeinsamen Glaubensgrundlage und eine Verdichtung der Zusammengehörigkeit nach innen entsprechen, sonst drohen Atomisierung und Verflachung. Es ist wie jenes Naturgesetz, wonach der Umfang einer Baumkrone der Ausdehnung des Wurzelwerks entsprechen muss, damit der Baum auch weiterhin lebensfähig ist und Halt findet.

Mit der Integration des neubekehrten Paulus zeichnet sich für die junge Kirche schon bald ein Problem ab. Denn sein charismatisches Wirken lässt sich nicht einfach in die Strukturen der damals noch jungen Kirche einbinden. Vor allem geht Paulus in seiner Verkündigung und Bekehrungspraxis eigene Wege und beruft sich dabei auf unmittelbare Verbalinspiration, die nicht diskutiert noch infrage gestellt werden darf. Dabei geht es nicht um Marginales, sondern um Wesentliches: ob dem Bekenntnis zu Jesus, dem Christus, konstitutiv die Zugehörigkeit zum Judentum, dem dieser Jesus ja entstammte, vorausgehen muss. Mit anderen Worten: ob die Bescheidung (und die Treue zum jüdischen Religionsgesetz) heilsrelevant ist. Paulus ist strikt dagegen. Es würde allem, was er von Jesus und seiner Lehre verstanden hat, zuinnerst widersprechen. Das sehen einige der Jerusalemer Gemeinde allerdings ganz anders, die – unautorisiert – die Neubekehrten auf Linie bringen, sprich auf den mosaischen Glauben verpflichten wollen. *„Es kamen einige Leute von Judäa herab und lehrten die Brüder: Wenn ihr euch nicht nach dem Brauch des Mose beschneiden lasst, könnt ihr nicht gerettet werden"* (Apg 15,1), was verständlicherweise zu *„großer Aufregung und heftigen Auseinandersetzungen zwischen ihnen und Paulus und Barnabas"* (Apg 15,2) führen musste. Denn damit steht die ganze Mission des Paulus und die Existenz ganzer Gemeinden auf dem Spiel.

Die unorthodoxe Missionspraxis des Paulus, der den Heiden die neue Freiheit in Christus verkündet, ohne sie auf das Gesetz des Judentums und der Praxis jüdischer Gebräuche zu verpflichten, wirft – gelinde gesprochen – Fragen auf. Ist das von Paulus verkündete Christentum noch dasselbe, was die Jünger bewahrt haben? Oder hat umgekehrt Paulus, der für sich in Anspruch nimmt, *„aufgrund einer Offenbarung"* (Gal 2,2) ebenfalls ein *Apostel* zu sein, tiefere Erkenntnis und Einsicht als jene *„Säulen"* (Gal 2,9) der Jerusalemer Gemeinde, die immerhin Augen- und Ohrenzeugen des geschichtlichen Jesus waren? Fragen über Fragen, und es macht vielleicht die Größe des Apostelkollegiums aus, dass sie sich der Frage stellen und den Anfangsverdacht nicht pauschal abweisen, Gott könne auch durch einen Paulus, dessen erfolgreiche Pastoral und tiefgreifende Theologie, zu ihnen sprechen, seiner zweifelhaften Biographie zum Trotz. Es ist atemberaubend, wie die junge Kirche jene fundamentale Streitfrage allem Anschein nach in einer geistlichen Atmosphäre und einer erstaunlich guten Dialogkultur behandelt.

Wie bereits in der Ämterfrage und der Entscheidung über die Zulassung der Diakone ist die Beratungsinstanz zunächst die ganze Gemeinde, in der man im Miteinander zu verstehen sucht, was Gott der Kirche durch die Aktivitäten eines Paulus sagen will. Dies geschieht allem Anschein nach nicht in Hinterzimmergesprächen, in diskreten Sondierungen und geheimen Untersuchungen, sondern im offenen Dialog und Austausch der Argumente. Paulus wird, zusammen mit Barnabas, nach Jerusalem eingeladen, und beide werden nicht etwa verhört, sondern aufgefordert, in der Vollversammlung der Gemeinde von ihren Erfahrungen und missionarischen Erfolgen zu berichten. *„Bei ihrer Ankunft in Jerusalem wurden sie von der Gemeinde und von den Aposteln und den Ältesten empfangen. Sie erzählten alles, was Gott mit ihnen zusammen getan hatte*" (Apg 15,4). Entscheidungsgrundlage für die Beurteilung der Lage ist offensichtlich, die pastorale Wirklichkeit als solche wahrzunehmen und im Licht des Glaubens als gottgewirkt zu deuten. Gott ist (mit) am Werk, und das verlangt danach, auch die zunächst für undenkbar gehaltene Glaubensannahme nichtjüdischer Kreise mit den Augen Gottes zu sehen.

Doch es gibt auch die berechtigte Gegenposition, die in der Praxis des Paulus ein Abweichen von der bisher bekannten Linie und Praxis und damit nicht weniger eine Infragestellung des gesamten christlichen Erneuerungsprozesses sieht: *„Da erhoben sich einige aus dem Kreis der Pharisäer, die gläubig geworden waren, und sagten: Man muss sie beschneiden und von ihnen fordern, am Gesetz des Mose fest zu halten*" (Apg 15,5). Eine Frage, die im Ältestenrat zusammen mit den Aposteln beraten wird. Es geht um das grundsätzliche Verhältnis von Judentum und Christentum, und es sind die Gemeindemitglieder pharisäischer Tradition, die mit Scharfsinn die Sollbruchstelle benennen. So sehr man sich in der Jerusalemer Gemeinde über die Missionserfolge des Paulus auch unter den Heiden freuen mag, so wächst doch die Spannung, ob damit auch die Identität gewahrt bleibt oder ob es sich bei der Neuakquisition einer heidenchristlichen Gemeinde nicht letzten Endes um ein vergiftetes Geschenk handelt, gewissermaßen ein *Trojanisches Pferd*, das den Sieg des Christentum um den Preis der Aufgabe christlicher Essentials feiert. Modernitätsanpassung oder Identitätsverlust – eine schwierige Entscheidung.

Hier ist es wiederum Petrus, der mit seiner Leitungsautorität der Diskussion eine entscheidende Wendung gibt. Gott hat ihn, wie wir bereits wissen, in einer Vision auf diese neue Dimension christlicher Wachstumsdynamik vorbereitet: Gott macht keine Unterschiede, sein Heilswille gilt unbeschränkt, das Wort des Herrn gilt allen Menschen: *„Gott hat schon längst hier bei euch die Entscheidung getroffen, dass die Heiden durch meinen Mund das Wort des Evangeliums hören und zum Glauben gelangen sollen. Und Gott, der die Herzen kennt, bestätigte dies, indem er ihnen ebenso wie uns den Heiligen Geist gab. Er machte keinerlei Unterschied zwischen uns und ihnen; denn er hat ihre Herzen durch den Glauben gereinigt"* (Apg 15,7b-9). Petrus spricht nicht einfach ein Machtwort, sondern fordert dazu heraus, auf dem Hintergrund seines eigenen Vorverständnisses und seiner geistlichen Erfahrung noch einmal genauer hinzuhören, ob Gott nicht tatsächlich bereits eine Tür aufgestoßen und den Heiden sein Heil auch ohne Vorbedingungen hat zuteilwerden lassen. Sein Wort hat Gewicht. *„Da schwieg die ganze Versammlung. Und sie hörten Barnabas und Paulus zu, wie sie erzählten, welch große Zeichen und Wunder Gott durch sie unter den Heiden getan hatte"* (Apg 15, 12).

Die Entscheidung fällt, auch das ist bemerkenswert, im Konsens. Nachdem Petrus die Versammlung mit seiner Glaubensautorität noch einmal angehalten hat, die Existenz der heidenchristlichen Gemeinde in Antiochien als Frucht des Wirkens Gottes zu begreifen, ist es an Jakobus, jenes neue Phänomen im Licht der Schrift und der Tradition zu deuten, hier in Anknüpfung an die prophetische Tradition vom universalen Heilswirken Gottes. *„Simon hat berichtet, dass Gott selbst zuerst eingegriffen hat, um aus den Heiden ein Volk für seinen Namen zu gewinnen. Damit stimmen die Worte der Propheten überein, die geschrieben haben: ‚Danach werde ich mich umwenden und die zerfallene Hütte Davids wieder aufrichten; ich werde sie aus ihren Trümmern wieder aufrichten und werde sie wiederherstellen, damit die übrigen Menschen den Herrn suchen, auch alle Völker, über denen mein Name ausgerufen ist – spricht der Herr, der das ausführt, was ihm seit Ewigkeit bekannt ist'"* (Apg 15,13-18).

Gottes Wirken in der Zeit erkennen, die Zeichen der Zeit im Licht des Glaubens verstehen und die Handschrift Gottes in der Geschichte wie den neuen Phänomenen deuten: dazu fordert

auch das Zweite Vatikanische Konzil heraus – im Vertrauen darauf, dass auch in Zukunft nicht alle Wege zum Heil versperrt sein werden. Und in der Tat lassen sich auch heute die großen heilsgeschichtlichen Linien aufzeigen, wie es etwa Papst Johannes Paul II. andeutete, der in dem sowjetischen Präsidenten Michail Gorbatschow einen *Kyros* im 20. Jahrhundert gesehen hat, dessen sich Gott in unserer Zeit bedient, um die atheistische Ideologie und menschenverachtende Machtstruktur des Kommunismus aufzubrechen, den *Eisernen Vorhang* durchlässig und den Weg für ein erneuertes geeintes Europa frei zu machen. Oder man denke an das prophetische Zeichen, das Papst Paul VI. noch während des Konzils mit seiner Begegnung mit dem griechischen Patriarchen Athenagoras I. in Jerusalem gesetzt hat, ein erster Schritt zur Versöhnung zwischen den an die tausend Jahre getrennten Schwesterkirchen. Und hat Papst Johannes Paul II. nicht mutig – auch gegen Widerstände – die Vertreter der Weltreligionen zum Friedensgebet nach Assisi eingeladen, ein wenige Jahre zuvor noch unvorstellbarer Schritt, nachdem das Zweite Vatikanische Konzil mit seiner Erklärung über das Verhältnis der Kirche zu den nichtchristlichen Religionen und über die Religionsfreiheit gerade erst die theologische Voraussetzung und Grundlage für ein furchtloses Aufeinanderzu-Bewegen der Religionen geschaffen hatte?
Im Apostelkonzil der frühen Kirche findet der theologische Richtungsstreit eine einvernehmliche Lösung: die grundsätzliche Öffnung wird beschlossen und zugleich ein Mindestmaß an Rücksicht auf judenchristliche Gefühle und Gewohnheiten eingefordert: nichts zu tun, was Anstoß erregen könnte, „*denn der Heilige Geist und wir haben beschlossen, euch keine weitere Last aufzuerlegen als diese notwendigen Dinge: Götzenopferfleisch, Blut, Ersticktes und Unzucht zu meiden. Wenn ihr euch davor hütet, handelt ihr richtig. Lebt wohl!*" (Apg 15,28f).[10] Der Konflikt endet versöhnlich. Die Neubekehrten werden geschwisterlich in die Communio mit der Jerusalemer Gemeinde aufgenommen, eine entsprechende Botschaft wird ihnen per Brief durch autorisierte Gemeindemitglieder überbracht. *„Die Brüder lasen ihn und freuten sich über die Ermunterung. Judas und Silas, selbst Propheten, sprachen ihnen mit vielen Worten*

Mut zu und stärkten sie" (Apg 15,31f). Auch hier führt die Wachstumskrise zur weiteren Ausbreitung des Glaubens: Das Wort wird verkündet, die Gemeinde wächst und wird zur Operationsbasis für die nächste Missionsreise des Paulus.
Restauration oder Reform, Profilschärfung durch Abgrenzung oder Ausbreitung durch Öffnung? Die Grundsatzentscheidung in der frühen Kirche ist gefallen. Man mag sich die Frage heute neu stellen: Wie will Gott seine Kirche erneuern, und wie ist jener neue Wind, der auch heute in der Kirche Einzug hält, zu bewerten? Ist Aggiornamento also letztlich Anbiederung an den Zeitgeist und bedeutet Substanzverlust? An dieser grundlegenden Frage kommt keiner vorbei. Dazu braucht es eine gute, in Christus gegründete Einheit und das Hören auf den Geist – in der Schrift und in den Zeichen der Zeit.

3. Wachstumskrisen – Grenzüberschreitung des Geistes

Auch Wachstum erfolgt nicht schmerzfrei noch widerstandslos. Das Stoßen an Grenzen, das Aufstoßen von Türen, das sich Hinauswagen auf Neuland ist immer vom Risiko des Scheiterns umgeben, und Bedenkenträger gab und gibt es zu allen Zeiten, die aus der sicheren Distanz des Kommentators immer schon alles besser wissen (aber selbst nie „mitspielen").
Doch wie risikofreudig ist unsere Pastoral, unsere Kirche heute? Heißt das erste Wort nicht häufig „Vorsicht!", und bleibt es nicht oft genug auch das letzte Wort? Wo ist etwas von jener visionären Kraft zu spüren, die einen Paulus bewegt, auf die vage Intuition, Inspiration, Vision hin – wie immer man dieses Phänomen benennen mag, was doch letztlich mühevolles Hören auf die Stimme des Geistes ist – auf fremdes Terrain vorzustoßen und Neuland zu betreten. Wer mag heute etwa den Mut eines Justinus zu würdigen, der entgegen der defensiv auf Profilschärfung ausgerichteten Mehrheitsmeinung seiner Zeit die Auseinandersetzung mit der heidnischen griechischen Philosophie wagt und davon überzeugt ist, dass sich „Samen des göttliches Wortes" (*logos spermatikos*) auch in den heidnischen

Philosophien finden? Man denke an die Übernahme platonischen Gedankenguts in die Theologie eines Augustinus oder die Aristoteles-Rezeption eines Thomas von Aquin. Oder man erinnere sich an die weitsichtige pastorale Haltung eines Papstes Kornelius (251-253), der entgegen der rigiden Haltung eines Novatian dafür eintrat, auch die in der Verfolgung schwach gewordenen, vom Glauben (zumindest dem öffentlichen Bekenntnis nach) abgefallenen Christen wieder aufzunehmen und mit der Kirche und Gott zu versöhnen.
Jene konfliktuöse Dynamik zwischen dogmatischer Strenge und pastoraler Milde durchzieht die gesamte Kirchengeschichte wie eine Parallelgeschichte bis hin zum Zweiten Vatikanischen Konzil und darüber hinaus, das doch ursprünglich eher als Bekräftigung des hinreichend Bekannten konzipiert war denn als Vorstoß in neue Welten: in die Offenheit der Begegnung mit den anderen Religionen und Weltanschauungen, der Anerkenntnis der Autonomie der Weltbereiche und dem Bekenntnis, dass die Kirche auch bei der Welt in die Schule gehen kann ... Was im zeitgeschichtlichen Kontext als verwegen gilt und als Verrat gegeißelt und gebrandmarkt wird, hat sich im Rückblick oft als segensvolle Fügung des Geistes herausgestellt. Sollte das nicht auch angesichts der heute oft so leidvoll erfahrenen Grenzerfahrungen ermutigen? Die Erfahrung von Grenzen und das Wagnis geistgeführter Grenzüberschreitungen gehören, so scheint es, ganz wesentlich zu den Wachstumsphänomenen. Und es wäre fatal, an der Grenze einfach zu verzagen. Vielmehr dürfen wir von der Dynamik der frühen Kirche lernen, die selbst an diesen Grenzen gewachsen ist und deren Glaube dabei nicht ärmer, sondern reicher geworden ist. Gerade so ist sie ihrem Sendungsauftrag, das Heil allen Menschen zu bringen, gerecht geworden. Oft wider Willen.
In der Kirche des Anfangs ist es vor allem Paulus, der ungeduldig und rastlos für das Neue, den Aufbruch ins Unbekannte steht. Kein Wunder, dass er damit die Gemeinde in Bedrängnis bringt. Die Dominanz, vielleicht auch Penetranz, mit der Paulus auf der ihm zuteilgewordenen Glaubenserleuchtung und -erfahrung besteht und sich zum Apostel erklärt, obwohl er weder mit Jesus gelebt hat noch Zeuge seiner Auferstehung ist – für

die Nachwahl des Matthias noch das entscheidende Zulassungskriterium (vgl. Apg 1,21f) –, dürfte in der Tat für Unruhe in die Gemeinde gesorgt haben: Wie geht man damit um, dass jemand sich gedrängt fühlt, die Mysterien plötzlich publik zu machen, die Arkandisziplin zu durchbrechen und das Evangelium den Heiden verkünden zu wollen. Muss das nicht zu einer Nivellierung und Profanisierung des Glaubens führen? Den Judenchristen war dies offensichtlich ein Graus. Manch einem der Altgedienten wird noch in Erinnerung sein, dass dieser Neubekehrte, der mit seinem Tatendrang und seinen Missionserfolgen manchem vielleicht als Superapostel gilt, nun wahrlich keine Lichtgestalt war und weiß Gott nicht als Heiliger geboren worden ist. Er musste es erst werden: leidvoll.
Von seiner Wandlung vom Saulus zum Paulus gibt die Apostelgeschichte in erstaunlicher Offenheit Auskunft. Offensichtlich hat die Kirche des Anfangs keine Scheu, auch die unrühmliche Vorgeschichte ihres Führungspersonals nicht auszublenden und nachträglich auszumerzen. Insofern sich die wundersame Wandlung des Paulus dem so außergewöhnlichen Eingreifen Gottes verdankt, gereicht seine Bekehrung Gott zum Ruhm und den Jüngern des *Neuen Weges*, in diesem Fall der Gemeinde in Damaskus und insbesondere ihrem Vorsteher Hananias, zur Ehre. Das gibt einen Vorgeschmack darauf, wie Gott für seine Kirche sein Führungspersonal aussucht und was er mit ihm macht ...

Anmerkungen

[1] *Paul VI., Ansprache zum Abschluss des Konzils am 7. Dezember 1965, zitiert nach: Mario von Galli / Bernhard Moosbrugger, Das Konzil und seine Folgen, Luzern / Frankfurt a.M., S. 288.*
[2] „Kirche" ist hier wie im Folgenden im Anschluss an den neutestamentlichen Sprachgebrauch auch synonym für „Gemeinde" verwandt. Zum Kirchen- und Gemeindebegriff im Neuen Testament vgl. Herbert Haag, Bibellexikon, Luzern 1951, S. 920.
[3] Diese Kraft des Geistes hat nach Lukas etwas Dynamisches (vgl. Lk 24,49: „... bis ihr mit der Kraft aus der Höhe erfüllt werdet": ex hypsous dynamin; Apg 1,8: „ihr werdet die Kraft des Heiligen Geistes empfangen": dynamin tou hagiou pneumatos.)

[4] Soweit im Folgenden auf einzelne Bibelstellen Bezug genommen wird, erfolgt dies auf der Grundlage der historisch-kritischen Exegese, aber im Horizont der kanonischen Schriftauslegung. Vgl. hierzu Joseph Ratzinger – Benedikt XVI. in seinem Vorwort zu: Jesus von Nazareth, Bd. I., Freiburg 2007[2], S. 10-23, sowie seine Anmerkung zu den Literaturhinweisen, ebd., S. 409.
[5] Die sog. Notae Ecclesiae im Credo: una sancta catholica et apostolica.
[6] Die Mühe, die es macht, Einmütigkeit im Selben zu finden, setzt persönliche Glaubens- und Gotteserfahrung voraus, die kommuniziert werden will: Einheit und Freiheit, nicht Uniformität. Vgl. Chiara Lubich: *„Zwei oder mehr Menschen, die im Namen Jesu eine Einheit geworden sind, die Furcht und Scheu überwunden haben, sich gegenseitig und rückhaltlos ihre Sehnsucht nach der Liebe Gottes mitzuteilen, ja , in der Einheit in Christus ihr Ideal sehen, sind eine göttliche Macht in der Welt.*" („Feuer auf die Erde zu werfen", in: dies., Bis wir alle eins sein werden, München 1990[14], S. 86)
[7] Bes. Röm 1,18-8,39. Zentral die Aussage: *„Alle haben gesündigt und die Herrlichkeit Gottes verloren. Ohne es verdient zu haben, werden sie gerecht, dank seiner Gnade, durch die Erlösung in Christus Jesus.*" (Röm 3,23-24) Vgl. Eph 2,11-22: „Durch Christus haben auch die Heiden in dem einen Geist Zugang zum Vater."
[8] Tertullianus , PL 1, 471.
[9] Die Deutschen Bischöfe, 68, „Zeit zur Aussaat". Missionarisch Kirche sein, 26. November 2000, (Hg. Sekretariat der Deutschen Bischofskonferenz), S. 35.
[10] Eine Frage, die Paulus ebenfalls theologisch aufarbeiten wird: Wenn es keine Götzen gibt, gibt es auch kein Götzenopferfleisch. Trotzdem ist mit Rücksicht auf jene, die im Glauben schwach sind und daran Anstoß nehmen würden, von diesem Verzehr abzusehen. Die Freiheit in Christus kann und darf nicht zur Lieblosigkeit führen (vgl. 1 Kor 8,1-13).

B. Reifungsprozesse

Zu-Mutungen Gottes als Mut-Proben der Kirche – die Kirche Gottes und ihr Führungspersonal

Kirche wächst aus ihrem Ursprung, das zeigt sich insbesondere an der Nahtstelle zwischen Christusereignis und Kirchwerdung. Eine besondere Bedeutung kommt dabei dem Umstand zu, wie der Herr der Kirche sein Führungspersonal auswählt und schult. In der ersten Generation ist es Jesus selbst, der seine Apostel in seine Nachfolge ruft und in seinem ersten „Priesterseminar" formt: sie lernen von ihm, indem sie mit ihm leben.
Doch wie gestaltet sich der Übergang in der Frühphase der Kirche? Wie rekrutiert die junge Kirche nach Tod und Auferstehung Jesu ihr Führungspersonal? Proaktiv oder eher rezeptiv? Eine spannende Frage, die bis in die Gegenwart ihre Aktualität und Brisanz behält. Doch auch hier, so die frühkirchliche Erfahrung, führt der Geist offensichtlich Regie – zuweilen mehr, als es der etablierten Gemeinde lieb ist. Denn es ist nach menschlichem Ermessen nicht immer die erste Wahl, die der Herr seiner Kirche als Führungskräfte zumutet. So war es schon bei der Erwählung der Zwölf (man denke an die eigenwillige Zusammenstellung schon des ersten Führungskaders: vom Zeloten bis zum Zolleintreiber, von johanneischen Prophetenschülern bis zu den handfesten „Donnersöhnen"); so ist es auch in der jungen Kirche.

Gottes Berufungspastoral und Eignungstests

Paradebeispiel für diese auch weiterhin geistgewirkte Berufungspraxis ist die erstaunliche Führungsanspruch eines Paulus, in seinem ersten Leben noch ein eifernder Pharisäer und Gegener des *Neuen Wegs*, der ohne Umschweife erklärt, er sei *„zum Apostel berufen, nicht von Menschen oder durch einen Menschen, sondern durch Jesus Christus und durch Gott den Vater, der ihn* *von den Toten auferweckt hat*" (Gal 1,1), und dies, obwohl er den historischen Jesus nie kennengelernt hat. Die zweite Generation der kirchlichen Führungskräfte, so scheint es, strotzt geradezu vor Selbstbewusstsein, wobei tunlichst ausgespart wird, wie mühsam eine solche Wandlung vom Saulus zum Paulus ist (vgl. Apg 9,1-22), und wie hart Gott seine Diener auch in der zweiten Generation in seine Schule nimmt. Doch dabei hat auch die Kirche entscheidenden Anteil, hier namentlich in der Person des Hananias und seiner Gemeinde von Damaskus.

Die Berufungsgeschichte jener theologischen und apostolischen Lichtgestalt hat wirklich den Stoff für einen Thriller. Ein „Topagent" der Gegenseite wird sozusagen „umgedreht" und wird zum charismatischen Kämpfer für die Sache des Evangeliums, was allerdings nicht ohne Komplikationen abgeht. Denn der Neue wirbelt einiges durcheinander, was innerhalb der frühen Kirche eine weitere Wachstumskrise auslöst, der Evangelisierungsdynamik zugleich aber auch einen neuen Schub verleiht. So kann es auch gar nicht anders sein. Denn mit den Neuen, die kommen, hält oft auch ein neuer Geist Einzug: neue Fragestellungen, neue Schwerpunkte, neue Akzente. Doch jede neue Idee und Initiative ist auch eine Infragestellung des bewährten Systems und führt zu der grundsätzlichen, besonders für die Alteingesessenen bedrängende Frage, ob auch die Neuen für das Altbewährte stehen. Wie geschieht Identitätswahrung bei gleichzeitiger Offenheit und Öffnung? Dieser Herausforderung muss sich die Kirche bereits seit ihren Anfängen stellen, und die Antwort kann nur im gemeinsamen Hören auf die Stimme des Geistes errungen werden.

Spektakuläre Kehrtwende mit unabsehbaren Folgen

Was im Gewand der historischen Erzählung daherkommt (an deren Wirklichkeitsgehalt nicht zu zweifeln ist), hat zugleich paradigmatische Bedeutung: ein Lehrstück für die Kirche unserer Tage, die – jedenfalls auf dem alten europäischen Kontinent – in ihrer Mission nicht minder an Grenzen stößt und von

Selbstzweifeln geplagt wird. Das Krisenszenario brauchen wir uns gar nicht erst ausmalen – wir stecken schon mittendrin: bedrückend hohe Austrittszahlen, beschämende Schuldeingeständnisse, peinlich Enthüllungen... Doch anstatt die aktuelle Kirchenkrise noch weiter zu zerlegen, zu hinterfragen und zu beklagen, mag es ein legitimes Mittel der Krisenbewältigung sein, ganz im Gegenteil Abstand zu nehmen und in der Erinnerung weiter zurückzugreifen – in eine Zeit von nicht minder existenzbedrohender Bedeutung für die Kirche, die sich im Rückblick allerdings als eine Wachstums- und Reifungskrise herausgestellt hat: als eine Zeit, in der der Geist Gottes, wie es scheint, besonders aktiv am Wirken war; vielleicht ein Fingerzeig der Geschichte, die ein Licht auch auf die aktuellen Herausforderungen werfen mag: Kirchenkrise mit dem Potenzial einer Reifungskrise.
Die Rückblende setzt an bei dem Schuldeingeständnis eines (wenn nicht des) führenden Kopfes und Theologen der frühen Kirche. Sie beleuchtet den tiefen Fall dessen, der daraufhin eine beispiellose Karriere zum universalen Völkerapostel antritt. Es handelt sich um den Quantensprung von einer judenchristlichen Sekte zur universalen Heilsgemeinschaft der Kirche, der nun ausgerechnet mit dem Makel eines Schuldeingeständnisses – oder sollten wir hier nicht vielmehr von der felix culpa, der „glücklichen Schuld" sprechen – verbunden ist. Hier sein Communiqué, das allerdings außergewöhnlich dünn und dürftig ausfällt:
„Ich erkläre euch, Brüder: Das Evangelium, das ich verkündigt habe, stammt nicht von Menschen ... Ihr habt doch gehört, wie ich früher als gesetzestreuer Jude gelebt habe, und wisst, wie maßlos ich die Kirche Gottes verfolgte und zu vernichten suchte. ... Als aber Gott, der mich schon im Mutterleib auserwählt und durch seine Gnade berufen hat, mir in seiner Güte seinen Sohn offenbarte, damit ich ihn unter den Heiden verkündige, da zog ich keinen Menschen zu Rate... Den Gemeinden Christi in Judäa aber blieb ich persönlich unbekannt, sie hörten nur: Er, der uns einst verfolgte, verkündigt jetzt den Glauben, den er früher vernichten wollte. Und sie lobten Gott um meinetwillen" (Gal 1,11-17.22-24).
In der paulinischen Version wirkt dieses Schuldbekenntnis al-

lerdings seltsam verklärt und spiritualisiert. Reue klingt irgendwie anders, und zu bereuen hätte Paulus ja durchaus einiges – wenn man nur an die Umstände der Steinigung des Stephanus denkt (vgl. Apg 7,54-8,1).

Es fällt jedenfalls auf, dass Paulus den Namen dessen, dem er seine Umkehr und nachhaltige apostolische Karriere verdankt, Hananias, in all seinen Briefen nicht ein einziges Mal in den Mund nimmt (mit Ausnahme der ihm von Lukas in den Mund gelegten Tempelrede; vgl. Apg 22,12): Der Mann ist offensichtlich zu nah dran gewesen an seinem tiefen Fall, an dem Moment, da der große Völkerapostel geschwächelt hat. Nein: Paulus meidet strikt die Nennung dieses Namens. Nennen wir es den Hananias-Komplex. Es wird Zeit, jenem vergessenen Heiligen aus der Urzeit der Kirche Gerechtigkeit widerfahren zu lassen – und nebenbei einiges über Zivilcourage und Kirchenprofil zu lernen.

Dabei war es Hananias, uns Nachgeborenen weithin unbekannt, der in der besagten, uns allen hinlänglich bekannten Bekehrungsgeschichte des Paulus in einer geschichtlich höchst bedeutsamen Stunde aus dem Schatten heraustritt und mit einem brüderlichen Gestus der Handauflegung jene entscheidende Wendung herbeiführt.

Denn jener so unspektakuläre Vorfall im hintersten, unbedeutenden Winkel des Römischen Reiches, jene denkwürdige Begegnung vor Damaskus, die Bekehrung des Saulus, bedeutet nicht nur das Startsignal für eine beispiellose Wachstumsgeschichte der Kirche. Sie hat in der Tat die Welt verändert: Ein Ereignis, das dem lukanischen Verfasser der Apostelgeschichte so wichtig ist, dass er es gleich dreimal erzählt, einmal als Chronist (vgl. Apg 9,1-18) und zweimal aus der Perspektive des Paulus (vgl. Apg 22,3-16; 26,12-18). Paulus hingegen erwähnt die für ihn peinlich Szene nur am Rande, in einem Halbsatz, und macht daraus, wie vorab zitiert, eine Heldenlegende. *„Als aber Gott, der mich schon im Mutterleib auserwählt und durch seine Gnade berufen hat, mir in seiner Güte seinen Sohn offenbarte, damit ich ihn unter den Heiden verkündige …"* (Gal 1,15f).

Dabei ist es ein Ereignis, das wert ist, auch heute, in einer in vielfacher Hinsicht prekären Lage der Kirche, wiedererzählt zu werden, und das auch heute seine inspirierende Kraft entfalten könnte für alle, die – in welcher Berufung auch immer – an der einen Sendung der Kirche mitwirken. Darin liegt der Reiz, jenen welthistorischen Wendepunkt hineinzulesen in unsere Zeit, begründet in einer zutiefst personalen Begegnung, der kein Pastoralplan zugrunde lag und keine Strukturdebatte voraus-ging und die doch die Welt entscheidend verändert hat.

I. Überzeugtes Vor-Gehen: Wahrheit in der Liebe

Machen wir einen Zeitsprung: nach Damaskus ins erste Jahrhundert. Zu besichtigen ist dort eine kleine verängstigte Diaspora-Gemeinde in bedrängter Zeit, die angstvoll der unausweichlichen Konfrontation mit dem gefürchteten Kirchenkritiker ihrer Tage entgegensieht, die doch einen ganz unerwarteten Ausgang nimmt.

1. Um Gottes Willen: das Wunder von Damaskus

Saulus und Hananias

Die Kirche in Damaskus ist eine Minderheitenkirche, die sich nicht nur im Pluralismus antiker Weltanschauungen und Religionen behaupten muss, sondern auch konkrete Repressalien zu befürchten hat. Der Vollzugsbeamte der Rechtgläubigkeit, ein Pharisäer aus Tarsus, ist, wie es gerüchteweise heißt, schon unterwegs. Grund genug, sich zurückzuziehen, sich einzuigeln. Kirche in der Defensive. Bedrängt und bedroht, marginalisiert und beschämt. Kirche auf dem Rückzug.
Doch mitten hinein in jene Phase des Rückzugs hat einer von ihnen – man weiß nicht so recht: ob in leitender Position oder als schlichtes Gemeindemitglied – eine Vision: ganz zur Unzeit und im Blick auf die Sicherheitsvorkehrungen ziemlich kontraproduktiv. Aber es ist eben doch nicht ganz von der Hand zu weisen: dass es sich möglicherweise, so muss er befürchten, tatsächlich um eine *In-Spiration* handelt – eine Eingebung,

einen Gedanken, der von Gott kommt, der ihm vom Geist Gottes eingegeben ist, auch wenn es so gar nicht in das Konzept von Verteidigungshaltung, Rückzugsmentalität und Befindlichkeitsklage zu passen scheint.
Eine Inspiration: dass auch der Widersacher und Aggressor, im Guten verhärtet und in seinem Tun verblendet, der nach außen so souverän wirkt und in seiner Biographie doch den Schatten einer dunklen Schuld mit sich herumschleppt, davon träumt, dass da einer *„hereinkommt und ihm die Hände auflegt, damit er wieder sieht"* (Apg 9,12).
Wie es aussieht, stoßen hier zwei diametral entgegengesetzte Spielarten missionarischen Sendungsbewusstseins aufeinander. Da ist zum einen der martialisch auftretende Saulus, angetreten im Namen des Höchsten mit dem Ziel, Ordnung zu schaffen: den großen Gott in seiner Größe und Unantastbarkeit zu schützen, zu verteidigen gegen jene, die gotteslästerlich von der „Menschwerdung" Gottes, ja seiner Erniedrigung bis ans Kreuz reden und ganz offensichtlich die Heiligkeit und Erhabenheit Gottes in den Dreck ziehen und zerstören wollen. Für einen wie Saulus, der all seine Intelligenz, seinen Ehrgeiz, seine Kraft, sein ganzes Leben unstreitig dem Allerhöchsten gewidmet hat, muss dieser Traditionsbruch als eine unglaubliche Blasphemie vorkommen, der mit allen Kräften Einhalt geboten werden muss.
Und da ist auf der anderen Seite jener wider Willen losgeschickte, zaghaft und verschreckt wirkende Hananias, der sich in seiner Schwachheit vom Herrn herausgefordert fühlt, dem feindlich gesinnten Bruder die Hände aufzulegen und ihn, den großen Widersacher, – was für eine Anmaßung! – in die eigene Sendung einzubinden. Doch die Rollen sind hier vertauscht: Der starke Saulus – ganz schwach. Der ängstliche Hananias – ganz mutig. Der eine kämpft mit allen Mitteln für seine Wahrheit und gerät unversehens in eine Glaubens- und Existenzkrise. Der andere muss sich angesichts der Bedrohlichkeit des Fremden gegen besseres Wissen zu einer brüderlichen Geste durchringen und erweist sich gerade darin als wahrer Jünger seines Meisters, der geboten hat, selbst die Feinde zu lieben.

Beide haben ein gerechtes Anliegen: die Gottheit Gottes retten – dem anderen zum rechten Sehen verhelfen; und mit beiden arbeitet Gott, hier sogar mit einer „Korrespondenzvision", damit sie zusammenkommen und sich im Glauben an den wahren Gott finden. Es geht dabei um die Grundspannung von Wahrheit und Liebe, die Papst Benedikt XVI. zum Thema seiner Sozialenzyklika *Caritas in Veritate* gemacht hat: *Die Wahrheit bezeugen – Die Liebe leben.* Das ist gewissermaßen der pastorale Klassiker, der so selbstverständlich zu fordern und doch so schwer zu realisieren ist. Und in der Tat: mit Blick auf die gegenwärtige kirchliche und pastorale Situation bestünde da durchaus auch für uns Nachgeborene, für die Kirche Gottes und ihr Führungspersonal, Handlungsbedarf.

2. Bezeugte Wahrheit: „Die Wahrheit ist symphonisch"

„Die Wahrheit ist symphonisch", so lautet im Nachklang zum Zweiten Vatikanischen Konzil der Titel einer Schrift Hans Urs von Balthasars (1972): *„Aspekte des christlichen Pluralismus"*. Der Untertitel weist schon über sich hinaus auf die postmoderne Gesellschaft mit ihrem Wertepluralismus, in der die Kirche ihr Deutungsmonopol verloren hat, nur eine Stimme unter vielen ist (die aber gehört werden will!). Ein Lernprozess für alle Christen, erst recht für das Führungspersonal der Kirche, da sie mit „ihrer Wahrheit" nicht mehr unwidersprochen durchdringen und sie nicht durchsetzen, sondern lediglich anbieten, demütig einbringen kann im Ringen um neue Plausibilitäten.

Umkämpfte Wahrheit: binnenkirchlicher Richtungsstreit

Damit erhebt sich zugleich die Frage: darf man das? Fordert nicht die Unbedingtheit letzter Wahrheit auch einen unbedingten Einsatz zur Durchsetzung dieser Wahrheit, sei es gelegen oder ungelegen? Es ist der Führungsanspruch im Modus eines Saulus, der im Namen des Höchsten auch unbedingte Autorität beansprucht.

Der Schritt, dass der Zweck die Mittel heiligt, ist dann nicht mehr weit. Damit befinden uns unversehens in den aktuellen Auseinandersetzungen bis in die jüngsten Tage, etwa im Konflikt mit der sog. „Pius-Bruderschaft". Die Grundfrage, die hinter diesem Konflikt steht, lässt sich bis ins Konzil zurückverfolgen, als es um die Frage der Religionsfreiheit ging, die Bischof Lefebvre aus tiefster Überzeugung abgelehnt und dafür selbst ein Schisma in Kauf genommen hat. *„Kann es überhaupt Freiheit geben, wenn es um die Wahrheit geht?"*; *„Muss ich nicht mit aller Macht die Unwahrheit verdammen, in letzter Konsequenz und um jeden Preis die Unwahrheit bekämpfen, also auch die Ungläubigen?"* – Solche Fragen, in fundamentalistischen Kreisen sehr eindeutig beantwortet, sind ja keineswegs so abwegig, wie sie bisweilen dargestellt werden. Es ist der berüchtigte Saulus-Eifer des (vermeintlich) Rechtgläubigen, in seiner monistischen Sicht gefangen und „im Guten verhärtet", dem zur Durchsetzung seiner Wahrheit (fast) alle Mittel recht sind.

Angesichts des Phänomens von Fundamentalismus und Fanatismus und gegenüber der verbreiteten Haltung des Indifferentismus und Relativismus stellt sich dem von seiner eigenen Wahrheit Überzeugten allerdings die Frage, wer einem das Recht gibt, diese mit Gewalt (und die kann manchmal sehr subtil sein) auch durchzusetzen. Abgesehen davon, dass die Wirklichkeit komplex und Wahrheit symphonisch ist und keinen Alleinvertretungsanspruch verträgt.

Die Wachstumsgleichnisse des Evangeliums weisen jedenfalls in eine andere Richtung: *„Lasst beides wachsen bis zur Ernte"* (Mt 13,30). Das trägt weniger die Handschrift des wütenden Saulus; eher schon die des zaudernden und in seinem Agieren doch wagemutigen Hananias. Denn Vertrauen in Personen und Prozesse, die im letzten nicht kontrollierbar und nicht beherrschbar sind, erfordert durchaus Mut. Nicht nur in der Vergangenheit.

Jene Bilder etwa vom Besuch Benedikts XVI. in Jerusalem (2009) sprechen eine nicht minder deutliche Sprache: ein Papst in weißen Socken im Felsendom; der Pontifex mit seinem Gebetszettel, verloren wirkend vor der Mauer der Klage in Jerusalem. Eine kleine, anrührende Geste, die doch genau unterstreicht, dass da ein Kirchenführer nicht mit dem Imponiergehabe weltlicher Potentaten auftritt, sondern als demütiger Pilger daherkommt, der einen Bruder und Freund aufsucht, Repräsentant unserer Kirche, der den Andersgläubigen gegenüber Respekt bekundet, unbeschadet der klar zum Ausdruck gebrachten eigenen Glaubensüberzeugung bzw. -wahrheit.

Das klingt so einfach, und es sind großartige Bilder für die mitreisenden Fotographen. Aber man denke nur an den innerkirchlichen Richtungsstreit, der die Kirche in Deutschland seit über 30 Jahren gelähmt und entzweit hat, der in seiner Wirkung wohl viel verheerender war als die Anfeindungen von außen: jene unseligen Polarisierungen und Rechthabereien, die die eine Kirche in oben und unten, rechts und links, konservativ und progressiv aufgeteilt und damit ihre Einheit als ganze aufs Spiel gesetzt haben, wo man sich bis an die Grenze des Anstands bekämpft und gegenseitig die Rechtgläubigkeit abgesprochen hat.

Diese Gefährdung der Einheit der Kirche, und sei es aus edelsten Motiven und um höchster Werte willen, kannte schon Paulus, freilich erst in seinem späteren Leben, als Seelsorger seiner Problemgemeinde in Korinth. Mit Blick auf die Grabenkämpfe in der Gemeinde mahnt er:

„Es wurde mir nämlich ... berichtet, dass es Zank und Streit unter euch gibt. Ich meine damit, dass jeder von euch etwas anderes sagt: Ich halte zu Paulus – ich zu Apollos – ich zu Kephas – ich zu Christus. Ist denn Christus zerteilt? ... Ich habe gepflanzt, Apollos hat begossen, Gott aber ließ wachsen. So ist weder der etwas, der pflanzt, noch der, der begießt, sondern nur Gott, der wachsen lässt. Wer pflanzt und wer begießt: Beide arbeiten am gleichen Werk, jeder aber erhält seinen besonderen Lohn, je nach der Mühe, die er aufgewendet hat. Denn wir sind Gottes Mitarbeiter; ihr seid Gottes Ackerfeld, Gottes Bau" (1 Kor 1,11f; 3,5-9).

Paulus, aufgrund seiner Vorgeschichte alles andere als ein Versöhner und Pontifex, „Brückenbauer", hat seine Lektion offensichtlich gelernt und ist zu einer wahren Führungspersönlichkeit in der Kirche herangewachsen. Das war nicht immer so. Doch je mehr einer in den Dienst und in die Verantwortung für die eine Kirche genommen wird, desto schwerer wird er auch

an den Fraktionen und Friktionen zu tragen haben. Das war für den künftigen Völkerapostel im Moment seiner Bekehrung allerdings noch nicht absehbar, wohl aber für Hananias, dem der Geist Gottes dies bereits bei der ersten Begegnung über Saulus offenbart hat: *„Ich werde ihm auch zeigen, wie viel er für meinen Namen leiden muss"* (Apg 9,16).
„Die Wahrheit ist symphonisch": Das lässt bereits erahnen, dass es die vielen verschiedenen Stimmen, Tonalitäten und Instrumente braucht, um die Wahrheit in ihrer ganzen Fülle zu fassen und zum Klingen zu bringen. Damit die Vielstimmigkeit nicht in Kakophonie endet, braucht es die Kunst des Hinhörens und Integrierens – auch des Dirigierens! – sowie die Unterscheidung der Geister. Eine wahrhaft geistliche Herausforderung, der wir uns als Kirche – und insbesondere, wer in ihr Führung übernehmen will – auch in der Unsicherheit und Unübersichtlichkeit unserer Zeit zu stellen haben.

Erkämpfte Dialogfähigkeit: Kultur gegenseitiger Hochachtung

Wo Saulus in seiner Rechtgläubigkeit an sein Ende kommt, bietet die zögerlich-zutrauende Herangehensweise eines Hananias offensichtlich die bessere – wohl auch evangeliumsgemäße – Alternative: im Hören auf den Geist und im Ernstnehmen des Bruders, selbst wenn er, gelinde gesagt, anderer Meinung ist. Hananias müsste man jene geistliche Tugend der Dialogfähigkeit attestieren, die gerade auf dem Zweiten Vatikanischen Konzil und neuerdings im „Dialogprozess" der Kirche in Deutschland eine Renaissance erlebt. Das viel gerühmte und (je nach Lesart) ebenso gescholtene Konzil hat hier tatsächlich mit seiner Hinkehr zu einem *„aufrichtigen Dialog"* mit der ganzen Welt eine Weichenstellung, wohl auch eine Kurskorrektur vorgenommen. Davon spricht etwa ganz explizit die Pastoralkonstitution Gaudium et spes:
„Die Kirche wird kraft ihrer Sendung, die ganze Welt mit der Botschaft des Evangeliums zu erleuchten und alle Menschen aller Nationen, Rassen und Kulturen in einem Geist zu vereinigen, zum Zeichen jener Brüderlichkeit, die einen aufrichtigen Dialog ermög-

licht und gedeihen lässt. Das aber verlangt von uns, dass wir vor allem in der Kirche selbst, bei Anerkennung aller rechtmäßigen Verschiedenheit, gegenseitige Hochachtung, Ehrfurcht und Eintracht pflegen, um ein immer fruchtbareres Gespräch zwischen allen in Gang zu bringen, die das eine Volk Gottes bilden, Geistliche und Laien. Stärker ist, was die Gläubigen eint als was sie trennt. Es gelte im Notwendigen Einheit, im Zweifel Freiheit, in allem die Liebe" (GS 92).

Gerade weil die Kirche als *sacramentum mundi*, als Heilszeichen für die Welt, den Auftrag hat, der ganzen Welt die Wahrheit Gottes zu künden, muss sie diese ihre Botschaft auch in ihrer Haltung und ihrem Auftreten zum Ausdruck bringen. Ideen- und Stichwortgeber dieser Ausrichtung auf dem Konzil ist Papst Paul VI., bezeichnenderweise eben jener Kirchenführer, die mit seiner Namensgebung bewusst an Paulus (nicht des Saulus!) anknüpft und damit sein Pontifikat als Weiterführung der paulinischer Verkündigung versteht . Schon in seiner programmatischen Antrittsenzyklika *Ecclesiam Suam* (ES) vom 6. August 1964[1] nennt er jene Haltung der respektvollen Hochachtung jedem Menschen gegenüber als Grundvoraussetzung für jeden Dialog: „*Wir (wollen) in dieser Enzyklika herausstellen, wie sehr es einerseits für die Rettung der menschlichen Gesellschaft wichtig ist und wie sehr es andererseits der Kirche am Herzen liegt, dass beide sich kennen lernen und sich lieben"* (ES 5). Damit hat Papst Paul VI. dem von ihm wieder einberufenen Konzil in der zweiten Sitzungsperiode zugleich das entscheidende diskussions- und handlungsleitende Stichwort gegeben und so maßgeblich das Fundament für eine ihrem Wesen nach dialogisch-trinitarische Kirche gelegt.

Mit seiner Hinwendung zu einem dialogischen Kirchenverständnis hat Paul VI. die Konzilskirche wieder an ihren belebenden Ursprung zurückgeführt. Die Kirche, die sich neu und tiefer als „Ikone des Dreifaltigkeit" versteht, muss dementsprechend in den konkret-geschichtlichen Bezügen auch dialogische Kommunikations- und Interaktionsformen pflegen, nach innen wie nach außen, was nicht eine Stilfrage ist, sondern im Wesen der Kirche grundgelegt ist. Unbeschadet des Festhaltens an der unverkürzten und unverfälschten Wahrheit muss man daher, so Papst Paul VI., *„noch bevor man spricht, ... auf die Stimme, ja sogar auf das Herz des Menschen hören; man muss ihn verstehen und soweit wie möglich achten und, wo er es verdient, ihm auch willfährig sein"* (ES 63). Dies gilt sogar für den Dialog mit Personen trotz widerstreitender Systeme[2]: damals eine unerhörte Provokation in den Zeiten des Kalten Krieges, aber auch generell eine Zu-Mutung vor allem für die Christen in totalitären Systemen, denen der Papst gleichwohl rät, den Dialog mit den Andersdenkenden zu suchen, auch wenn mit der intoleranten Starrheit ideologisch fixierter Systeme kein Dialog möglich ist, denn es gibt immer einen Überschuss der Person über dem System. Das hat in der konkreten päpstlichen Diplomatie etwa seinen Niederschlag in der sog. „Ostpolitik" Papst Pauls VI. gefunden, deren Früchte Papst Johannes Paul II. später ernten sollte (man denke nur an dessen Vier-Augen-Gespräch mit Gorbatschow). Genau diese Haltung begegnet uns auch in unserem Exponenten der Christengemeinde in Damaskus, der der dominierenden Staats- und Religionsmacht in Gestalt des Saulus gegenübersteht und diesem, ohne die eigene Wahrheit zu verraten noch zu beugen, im Segensgestus die Hände auflegt.

Das Ziel des Dialogs, so Papst Paul VI., ist die Einigung in der Wahrheit und die Einheit in der Liebe. Der Weg zur Verständigung in der Wahrheit ist die offene Begegnung und der Austausch in Wahrhaftigkeit. Denn jeder hat das Recht, seine Wahrheit zu äußern, sich befragen zu lassen und andere zu befragen. Das meint Ebenbürtigkeit auch unter Ungleichen. In all dem aber braucht es ein unerschöpfliches Vertrauen in die Kraft und den Inhalt des Wortes Gottes: dass Gott sich durchsetzt. Die Kirche dagegen hat Maß zu nehmen am Beispiel des Herrn, der die Füße wäscht (vgl. Joh 13,1-20).

Anschauungsmaterial zu diesem dialogischen Kirchenverständnis und Weltverhältnis bekäme man auch von Papst Benedikt XVI. Man denke nur an sein vielbeachtetes Gespräch mit dem Philosophen Jürgen Habermas über die Dialektik der Säkularisierung oder über das Weltethos mit dem Kirchenkritiker Hans Küng. Zum Friedenstreffen in Assisi hatte er neben Religionsführern, den „Pionieren des Dialogs" (so Benedikt XVI. bei einem Empfang am 28. 10. 2011), erstmals auch Agnostiker eingeladen und in seiner Ansprache betont, es gehe *„um die Zusammengehörigkeit im Unterwegssein zur Wahrheit, um den entschiedenen Einsatz für die Würde des Menschen und um das gemeinsame Einstehen für den Frieden gegen jede Art von rechtszerstörender Gewalt"*[3].

Kirche im Dialog – nach innen wie nach außen! Diese Richtungsangabe Pauls VI., jenes großen Konzilspapstes, könnte auch in den aktuellen Richtungsstreitigkeiten wie gesellschaftlichen Auseinandersetzungen wegweisend sein und stilbildend wirken. Sein Plädoyer für eine Kultur der gegenseitigen Hochschätzung hat jedenfalls auch rund fast 50 Jahren noch nichts von seinem Glanz verloren.

Und halten wir noch einmal fest: Es war jener kleine, von der Weltöffentlichkeit gänzlich unbeachtete Schritt eines mutigen Christgläubigen auf den kirchenpolitischen Gegner und radikalen Christenverfolger zu, der dessen Bekehrung besiegelte: kirchliches Handeln in der Liebe und in der Wahrheit, das den Lauf der Welt verändert und die Entwicklung der Kirche entscheidend geprägt hat. Ein Beispiel, das Schule machen sollte.

3. Umarmte Wirklichkeit: Furcht gibt es nicht in der Liebe

Jenes Damaskus-Ereignis aus apostolischer Zeit fordert auch nach 2000 Jahren dazu heraus, das je eigene Kirchenbild, den je eigenen Sendungsauftrag daraufhin zu befragen, ob sich darin der Gestus eines Saulus oder eines Hananias widerspiegelt. Dies vor dem Hintergrund einer Kirche, die heute nicht nur auf einen tiefgreifenden gesellschaftlichen Wandel reagieren und eine Antwort auf das von Individualität und Auswahlmentalität auch ihrer Gläubigen geprägte Lebensgefühl finden muss. Überdies befindet sie sich auch noch in einer Phase enormen Umbruchs der traditionalen kirchlichen Sozialstrukturen, der in seiner Intensität mit der Säkularisation von 1803 vergleichbar ist, vielleicht sogar mit der Konstantinischen Wende im 4. Jhd., allerdings mit umgekehrtem Vorzeichen. Diese Last liegt vor allem auf den Schultern derer, die vor Ort in den Gemeinden Führung übernehmen und Verantwortung tragen. Ob und wie die Kirche die Jahrhundertaufgaben in der Gegenwart löst, hat möglicherweise eine kaum geringere Tragweite als jene schlichte Zeichenhandlung der Handauflegung vor Damaskus, mit der Hananias dem dräuenden Bösen die Segensgeste der Geisterfüllten entgegenhielt: *„Furcht gibt es in der Liebe nicht, sondern die vollkommene Liebe vertreibt die Furcht"* (1 Joh 4,18).

Wirklichkeitsdeutung als pastorale Herausforderung: epochale Erschütterungen

„Ich tat einen Schritt in die Luft, und siehe, die Luft trägt" (Hilde Domin). Was ein Neupriester vor einiger Zeit provokant auf seine Weiheanzeige gesetzt hat, macht vielleicht deutlich, welche Schritte junge (und auch ältere) Verantwortungsträger in der Kirche heute zu gehen haben – anders als ein Hananias, der der Gefahr und dem Verfolger direkt in die Augen sehen konnte. Doch heute kennzeichnet Unübersichtlichkeit, Signum der Postmoderne (Habermas), die gegenwärtige Lage einer Kirche, die nicht nur eine Wachstumskrise oder eine Wachstumsdelle verkraften muss, sondern mit den Folgen eines „Minuswachstums" fertig werden muss: eine Kirche im Rückwärtsgang, was gemessen an dem universalen Sendungsauftrag theologisch eigentlich nicht vorgesehen ist. Unübersichtlichkeit aber führt zu Unsicherheit bei den Gläubigen wie auch den pastoral Handelnden; denn zu den äußeren demographischen Faktoren – einer hohen Sterberate und vergleichsweise niedrigen Taufzahlen – sind es vor allem die inneren Auszehrungen einer in die Jahre gekommenen Großinstitution, der viele einfach den Rücken kehren und wegbleiben oder austreten. Dass Kirchenentwicklung je einmal einen solchen Verlauf nehmen könnte, daran hätte wohl weder ein Hananias noch ein Paulus auch nur im Traum denken können.

Gleichwohl ist es für diejenigen, die heute eine leitende Aufgabe in der Kirche übernehmen – anders als bei Hananias und doch auch irgendwie ähnlich – nicht minder ein *„Schritt in die Luft"*. Die notwendigen Restrukturierungen und die damit verbundenen Veränderungen binden Energien, die man sonst auch gut für den Aufbau der Gemeinde und eine missionarische Seelsorge verwenden könnte. Und da ist nicht nur der oft beklagte Rückgang an Gläubigen, Priestern, Ordenschristen, an pastoralen Berufen und Berufungen; die Kirche muss sich auch mit dem Verlust ihres Deutungsmonopols in der postmodernen Gesellschaft abfinden, in der ihre Stimme durchaus gefragt ist, aber eben nur als eine Stimme unter anderen. Auswahlmentalität und Wahlfreiheit sind der Modus der Postmoderne, die eine Aversion gegen geschlossene Systeme entwickelt hat. Das spürt man auch in den Gemeinden, das erleben leidvoll insbesondere all jene, die in der Kirche Verantwortung tragen, auf allen Ebenen, Priester wie Laien, hauptberuflich wie ehrenamtlich Engagierte. Diese gefährliche Gemengelage wächst sich angesichts der hohen Komplexität nicht selten zu einem Syndrom der Autoblockade aus und endet in fruchtlosen Richtungsstreits: vor oder zurück? Agieren oder Sinnieren? Mehr Selbstvertrauen oder mehr Gottvertrauen? ... Am Ende bleibt das lähmende Gefühl der Erfolglosigkeit, Mutlosigkeit, Perspektivlosigkeit, das zu Stagnation, trotzigem Durchhalten oder auch zu spiritueller Not führt. Wie damals beim Volk Gottes in der Wüste: *„Ist der Herr in unserer Mitte oder nicht?"* (Ex 17, 7).

Schwer zu sagen, welche Zu-Mutung Gottes größer ist: die zur Zeit eines Hananias – und man mag heute an die bedrängende Lage der Christen in kommunistischen, atheistischen oder auch muslimischen Weltgegenden denken – oder jene in Zeiten einer weltanschaulich indifferenten, multireligiösen und multioptionalen Gesellschaft westlicher Prägung. Auf der oben zitierten Weiheanzeige jenes Neupriesters, der sich anschickte, in diesen unübersichtlichen Zeiten einen Schritt „in die Luft" zu tun, fand sich im Übrigen auch das passende Primizwort: *„Wollt auch ihr weggehen?"* – allerdings erweitert um die Antwort des Petrus: *„Herr, zu wem sollten wir gehen? Du hast Worte des ewigen Lebens"* (Joh 6, 67f).

Die *„Leiden der gegenwärtigen Zeit"* (Röm 8,18), von denen schon Paulus im Römerbrief spricht, mögen einem zu allen Zeiten als Zu-Mutung Gottes erscheinen, und er mutet auch

der Kirche unserer Tage einiges zu, und zwar an mehreren Fronten. Es käme je neu darauf an, daraus eine Mut-Probe zu machen: sich, wenn es sein muss, auch wagemutig der Wirklichkeit zu stellen, so ungewohnt und unbequem sie auch sein mag – im Vertrauen auf die „Mitwirkung" des Geistes Gottes –, anstatt sich larmoyant in Selbstmitleid zu ergehen und sich kleinmütig in der Wagenburg des Altvertrauten einzumauern.
Auch für diese mutige Vorwärtsbewegung steht Hananias. Angesichts des dräuenden Bösen hätte er allemal Grund gehabt, das Visier herunterzuklappen, sich zu wappnen, Abstand zu nehmen, sich und seine Gemeinde in Sicherheit zu bringen. Im Vertrauen auf das Wort, das ihm der Geist zuspielt, wagt Hananias den *„Schritt in die Luft, und siehe, die Luft trägt*"!
Was Hananias nicht weiß und auch nicht ahnt: der große, übermächtige Kirchenkritiker ist selbst existentiell in der Krise. So selbstsicher Saulus sich nach außen gibt, so unsicher ist er im Blick auf seine ganze Lebensausrichtung: im wahrsten Sinn aus dem Sattel seines Weltbildes gehoben, blind, befangen im Nebel seiner Fragen und existentiellen Verunsicherung: *„Und wenn Gott doch anders ist ...?*" *„Wenn die Jünger des neuen Weges doch mehr von Gott erahnen als er selbst?*" *„Wenn dieser Jesus doch der Christus, der Messias ist?*" ... Was ihn aufrichtet, ihn wieder klar sehen lässt, ist der Mut, die geistliche Hell- und pastorale Weitsichtigkeit, kurz: das Glaubens- und Lebenszeugnis der christlichen Gemeinde und seines pastoralen Personals: dass da einer den Mut hat, seiner Intuition zu trauen und auch hinter der Fassade des Kirchenfeindlichen mit Gott zu rechnen. *„Ich fürchte dich nicht, weil ich dich liebe*" (Hemmerle), so ließe sich die offensiv-positive Zugewandtheit eines Hananias nennen: der, weil er selbst ein Geistlicher ist, das Wirken des Geistes auch im Anderen, Fremden, ja sogar Kirchenfeindlichen erkennt.
„Gott umarmt uns mit der Wirklichkeit!" (Mühlenbrock), so die geistlich errungene Erkenntnis des mit Gott Vertrauten (vgl. Offb 3,20), die mit Blick auf Hananias auch entsprechend umformuliert werden könnte: Gott umarmen, indem wir die Wirklichkeit umarmen. Wirklichkeitswahrnehmung und Wirklichkeitsdeutung lassen sich als ein geistlicher Prozess und eine

pastorale Tugend begreifen, zu der Hananias auch die Kirche von heute anleiten könnte. Das setzt allerdings geistliche Offenheit und echtes Interesse auch am Anderen und Andersartigen voraus, woran es allerdings zu allen Zeiten zu mangeln scheint.

Zukunftsgestaltung als geistliche Zumutung: priesterliche Herausforderungen[4]

Jene Zu-Mutungen des Geistes, von denen oben die Rede war, Anfragen und Infragestellungen im Äußeren und Veränderungsprozesse und schleichender Auszug im Innern der Kirche, machen, wie könnte es anders sein, vor allem den pastoral Verantwortlichen zu schaffen, allen voran den Priestern. Der Bochumer Pastoraltheologe Matthias Sellmann konstatiert den Befund einer repräsentativen Studie zur Lage der Priester in diesen Umbruchszeiten: Sucht man heute in all den angedeuteten Umbruchszenarien nach einem Kristallisationspunkt, einem Kreuzungspunkt divergierender Trends und Tendenzen, dann trifft man auf den Priester. Die Kirche hat gegenwärtig keinen Brückenkopf, der so schutzlos in die religiösen Umbrüche hineingehalten wird, wie den Weltpriester. Am ehesten spürt der Priester die zunehmende Belastung, oft auch Überforderung. Denn nirgendwo ist die Gleichzeitigkeit geistlicher, organisatorischer, öffentlicher und biografischer Ansprüche so kulminiert wie in der Berufung des Priesters. Was soll – und will! – er nicht alles sein! Mann Gottes und zugleich Repräsentant und ausführendes Organ der bischöflichen Behörde; er ist Dienstleister nach außen und soll mit beiden Beinen im Leben stehen. *„In jeder Dimension religiösen Lebens ist der Weltpriester einer intensiven Zuspitzung ausgesetzt: Er soll geistlich-spirituell sein – aber bitte immer erkennbar katholisch. Er soll Rollenträger sein – und zwar der, auf den alles ankommt. Er soll religiösen Service gewährleisten – auch bei denen, die sich gar nichts aus Religion machen. Er soll sein Leben als Mann gut auf die Reihe kriegen – aber bitte nicht mit jedem Freund, jedem Auto oder jedem Hobby"* (Sellmann): eine innerhalb der kirchlichen Stände relativ einmalige Mixtur der Priesterrolle. Der Priester muss in sich sowohl die repräsentativ-administrative (bürokratische) Seite als auch die geistliche Dimension seines Amtes verbinden. Das muss darüber hinaus noch mit den Erwartungen der Adressaten wie mit den Erfordernissen einer selbstbestimmten Lebensführung abgeglichen werden. Für viele gleicht dies einer Quadratur des Kreises.

Erschwerend kommt in diesen Umbruchzeiten hinzu, dass die vorgenommenen oder sich abzeichnenden Strukturveränderungen, in der als Reaktion auf nachlassende Priesterzahlen um vorhandene Priesterkapazitäten neue pastorale Räume gegründet werden, wiederum in erster Linie die Priester betreffen. Liest man all diese Befunde zusammen, kommt man zu dem Fazit: *„Keine Berufung ist in der deutschen Kirche gegenwärtig so gefährdet wie die des Priesters. Er ist die riskierteste Berufung, die wir gegenwärtig haben"* (Sellmann). So wie die Kirche sich gegenwärtig darstellt, ruhen die zentralen Lasten auf dem Priester, und es stellt sich die Frage, ob er diese Lasten tragen kann bzw. wie er darin ent-lastet werden kann. Entsprechend müssten die Kirchenleitungen prioritär auf seine Beachtung, Sicherung und Unterstützung bedacht sein.

Einer repräsentativen Studie im Erzbistum Paderborn zufolge, an der rd. 95 % der Priester im aktiven Dienst (= rd. 800) teilgenommen und sich explizit geäußert haben (2008-09), einem einzigartigen religionssoziologischen Feldversuch, fällt vor allem eine extrem negative Bewertung der religiösen und pastoralen Situation auf.[5] Nur etwa 20 % aller Priester zeigen danach so etwas wie Neugier, Freude, Spannung. Rd. 80 % des Wahrnehmungsfeldes dagegen wird als verunsichernd, bedrohlich, irritierend erlebt. Die Studie kommt zu dem Schluss:

„Die Priester scheinen vor allem durch Individualität und Pluralität der Lebensentscheidungen der heutigen Menschen überfordert. Es ist vor allem die Pluralität, die Ängste auslöst und in die Defensive drängt. Ad extra macht den Priestern der zunehmende gesellschaftliche Bedeutungsverlust der Kirche zu schaffen. Die Menschen scheinen auch ohne Kirche und Christentum ganz gut durchs Leben zu kommen und bearbeiten ihre zentralen Sinnfragen bei anderen als den kirchlichen Anbietern. Es verunsichert, dass auch in der Säkularität Potenziale der Lebensdeutung abgeschöpft werden können und auch die anderen Weltreligionen

kulturelle Attraktivität besitzen. Ad intra wirken die internen Differenzierungen noch bedrohlicher: Man stellt fest, dass sogar viele Ältere und Kerngemeindemitglieder eigene Interpretationen des Kircheseins über die gesetzten Standards stellen, dass Gottesdienste und Sakramentenempfang wahlförmig geworden sind, dass moralische und dogmatische Standards dauernd unterboten werden und sich auch in der Gemeinde Glaubens- und Zugehörigkeitsstile verändern. Schuld daran, so die Wahrnehmung vieler Mitbrüder, ist die fortschreitende, deutlich negativ, z. T. sogar mit Ressentiments bewertete Individualisierung, wobei man den Zeitgenossen grassierende Oberflächlichkeit, Kurzsichtigkeit, Materialismus, Bindungsschwäche, Illoyalität, Anspruchsdenken, Servicementalität etc. bescheinigt.
Sich selber nimmt man dagegen als denjenigen wahr, der entweder fest im reißenden Fluss steht und die Spannung aushält; oder als den, der bereits mit fortgespült wird. Über all dem schwebt ein Hauch von Melancholie oder auch Depressivität: ‚Alles wird weniger: Menschen. Deutsche. Christen. Katholiken. Kinder. Glauben' (so ein anonymisiertes Fazit aus dem Kurs der Weihejahrgänge 1985/1997).
Hinzu kommt ein weiterer erschwerender Befund: Von vielen Priestern wird offenbar die Gemeinde, in der man innovativ etwas verändern möchte, als wandlungsunfähiger Ort erlebt. Die deutlichen Beharrungstendenzen im Gemeindeleben sind für viele Priester zusätzlich belastend. Ehrenamtliche scheinen vielen nur dann aktivierbar, wenn man immer beim Alten bleibt; neue Ehrenamtliche scheinen kaum rekrutierbar zu sein; die Kasualien degenerieren zu reinen Service-Leistungen. Kurzum: ‚der Priester fühlt sich ausgenutzt – als Gremienopfer, Vereinsmeier, Grüßaugust oder Zeremoniendiener'."[6]
Es gibt in der Tat Grund genug, sich zurückzuziehen und mit Gott zu hadern, und es mag Situationen und Konstellationen geben, wo die Priester überfordert sind und sie schon heilfroh sind, wenn sie das Tagesgeschäft im eigenen pastoralen Verantwortungsbereich einigermaßen schultern. Und dennoch erschöpft sich Kirche nicht im Rückbau kirchlicher Strukturen und in der Selbstbeschäftigung mit den eigenen Themen. Aufbau der Gemeinde nach innen, in der Besinnung auf die geistli-

che Mitte, den auferstandenen Herrn, steht als solche immer schon im Dienst der Sendung nach außen: Kirche als *sacramentum mundi* – das Heilszeichen, das auf Christus verweist und mit ihm in Berührung bringt. Das Leben im Geist öffnet die Augen für das Wirken des Geistes auch außerhalb der verfassten Kirche. Wer davon überzeugt ist, könnte bei Hananias in die Schule gehen. Er hat seine Mutprobe jedenfalls mit Bravour bestanden. Davon soll nach den ausführlichen Exkursen zur aktuellen Kirchenentwicklung wieder die Rede sein.

4. Geschenkte Freiheit: Liebe, die aufrichtet

Die Wirklichkeit umarmen – im Vertrauen, dass Gott uns mit der Wirklichkeit umarmt: das ist kein leichtes Unterfangen, wenn diesen Wirklichkeit so uneindeutig oder offenkundig unannehmbar ist. Das fällt uns Heutigen nicht minder schwer als einem Saulus vor Damaskus, der in einem lichten Moment sein ganzes bisheriges Leben und Wirken im Dienste Gottes in Frage gestellt sieht.

Saulus ist ja beileibe nicht der Prototyp des Antichristen, des religiös unmusikalischen Christenverfolgers. Im Gegenteil. Gerade weil er theologisch hochgebildet ist, tritt er mit solcher Leidenschaft für seine Glaubensüberzeugung ein – und kommt doch genau darin an seine Grenze und macht die existenziell niederschmetternde Erfahrung, sich gerade bei der Verfolgung seiner edelsten und ehrgeizigsten Ziele total verrannt zu haben. *„Er stürzte zu Boden und hörte, wie eine Stimme zu ihm sagte: Saul, Saul, warum verfolgst du mich? Er antwortete: Wer bist du, Herr? Dieser sagte: Ich bin Jesus, den du verfolgst*" (Apg 9,4f). Seine im buchstäblichen Sinn grundstürzende Erkenntnis, urplötzlich mit dem persönlich konfrontiert zu sein, von dem er bislang nur reden hörte, zieht ihm im wahren Sinne des Wortes den Boden unter den Füßen weg. Seine Bekehrung ist keinesfalls ein augenblicklicher Lichtblitz, eine Wende um 180 Grad von einem Moment auf den anderen. Es sind Tage quälender Ungewissheit und Unsicherheit. *„Und er war drei Tage blind und er aß nicht und trank nicht*" (Apg 9,9). Paulus wird

buchstäblich aus dem Sattel seiner Sicherheit, seiner festen Überzeugungen und heiligen Absichten geworfen, und es dürfte beileibe keine angenehme Erfahrung sein, vor dem Torso des doch auf Gottes Ehre ausgerichteten Lebenskonzeptes zu stehen. Saulus ist buchstäblich im Dunkel, er stochert existentiell im Nebel und sieht und versteht nicht, was für ihn noch bis vor wenigen Momenten höchste Evidenz und Plausibilität besaß. Um da durchzukommen, braucht es jenes existenzielle Zeitmaß der drei Tage, um wie Jona aus dem dunklen Bauch des Fisches wieder an Land gespült zu werden und Boden unter den Füßen zu bekommen, um wie Jesus durch den Tod zur Auferstehung, zur neuen Sicht- und Lebensweise zu gelangen: dann wieder ganz im Licht als ein von Christus Erleuchteter.[7]
Es ist mehr als nur dekoratives Beiwerk, dass an diesem Punkt die Gemeinde ins Spiel kommt. Christus selbst, der dem suchenden und fragenden Saulus erscheint, weist ihn in eben jene Richtung: *„Steh auf und geh in die Stadt; dort wird dir gesagt werden, was du tun sollst"* (Apg 9,6). Dieses Element geistlicher Führung findet sich auch später in den Texten der Kirchenväter: Wenn Schwierigkeiten auftauchen, so lautet ihr Ratschlag an den Strauchelnden und Zweifelnden: Komm (zurück) in die Gemeinde! Auch hier ist die Gemeinschaft der Gläubigen, ihre Einheit im Glauben, der hermeneutische Schlüssel, damit Saulus, jener Neubekehrte, Licht ins Dunkel seiner überwältigenden, aber noch ungedeuteten Erfahrung bringt.
Doch auch Hananias und seine Gemeinde stehen im „Nebel" ihrer Gefühle und Unsicherheiten. Auch sie stehen nicht minder vor einem Lernprozess: von Rückzugsmentalität auf geistgewirkte und geistgeleitete Offensive umzuschalten. Von Ängsten, Widerständen, Bedenken geplagt, gibt es doch eine unabweisbare Evidenz, dass Gott gerade hier herausfordert weiterzugehen, sie gibt den Ausschlag, dass der Repräsentant der Gemeinde gegen alle Vorsichtsmaßnahmen das Visier herunterklappt und den Widersacher brüderlich entgegentritt: *„Bruder Saul, der Herr hat mich gesandt"* (Apg 9,17b). Es liegt an der Begegnung mit der Gemeinde, mit Hananias, dass es dem Saulus wie Schuppen von den Augen fällt, was ist und was gilt und wofür es sich zu leben lohnt: dass er klar sieht und *„wieder*

zu Kräften" (Apg 9,19b) kommt. Es gereicht den Christen in Damaskus zur Ehre, dass sie sich auf diese ungeheure Provokation einlassen und die Kraft zur Integration ihres ärgsten Feindes haben. Allein hätte der von Christi Licht geblendete Saulus aus jenem Zustand tiefster geistiger und existentieller Verunsicherung wohl nicht so schnell herausgefunden, hätte es nicht die Handreichung, die Handauflegung der geisterfüllten Gemeinde gegeben, allen inneren Widerständen und berechtigten Einwänden zum Trotz. Was für eine Zumutung, dem gefürchteten Christenjäger die Hand zu reichen! Die Bekehrung des Saulus geht, was meist übersehen wird, mit der Bekehrung der Gemeinde einher, hin zu jenem hohen Ideal der Feindesliebe, die sie in letzter Konsequenz als Gemeinde Jesu Christi ausweist. Es ist sympathisch, dass es dazu auch für die Gemeinde einer besonderen Gnade, der Ermutigung durch den erhöhten Herrn selbst bedarf, der Hananias, jenem in die Pflicht genommenen Gemeindemitglied, in einer Vision die tiefere Bedeutung dieses Vorgangs zu verstehen gibt.
Und Hananias macht den entscheidenden Schritt auf Saulus zu. *„Da ging Hananias hin und trat in das Haus ein; er legte Saulus die Hände auf und sagte: Bruder Saul, der Herr hat mich gesandt, Jesus, der dir auf dem Weg hierher erschienen ist; du sollst wieder sehen und mit dem Heiligen Geist erfüllt werden*" (Apg 9,17). Erst in dieser geistbewegten und geistmitteilenden Begegnung findet Saulus zur Klarheit des Sehens und zur Entschiedenheit des Handelns zurück: *„Sofort fiel es wie Schuppen von seinen Augen und er sah wieder; er stand auf und ließ sich taufen*" (Apg 9,18). Auch hier zeigt sich wieder dieselbe Dynamik wie bei der Taufe des Äthiopiers: Dem in der Tiefe seiner Existenz suchenden und verunsicherten Zeitgenossen begegnet der von Gott geführte Repräsentant der Jüngergemeinde, und erst diese Geistes-Gegenwart bringt Ordnung und Klarheit in das Chaos seiner Gefühle und Gedanken; und im Licht dieser Neuorientierung findet er zu neuer Verbindlichkeit und Entschiedenheit, das Neue auch im Zeichen der Taufe zu besiegeln.
Auch die letzte Phase dieses Evangelisierungsprozesses findet ihre Entsprechung: Aus der Gemeinschaft mit dem Herrn, in der Communio der Gemeinde, erfolgt die Missio, der Drang,

das Erfahrene weiterzugeben. Der Hörer des Wortes wird, nachdem er ein Jünger geworden ist, nun seinerseits zum Zeugen und Verkünder des Evangeliums[8]: *„Einige Tage blieb er bei den Jüngern in Damaskus, und sogleich verkündete er Jesus in den Synagogen und sagte: Er ist der Sohn Gottes. ... Saulus, mit seinem Taufnamen nun Paulus, trat umso kraftvoller auf und brachte die Juden in Verwirrung, weil er ihnen bewies, dass Jesus der Messias ist"* (Apg 9,20.22). Voll Erstaunen und Verwunderung nimmt die Gemeinde, nicht ohne anfängliche Irritation, zur Kenntnis, dass Gott selbst aus dem Saulus einen Paulus machen kann; der ärgste Verfolger der Kirche wird zu deren glühendstem Verfechter und begnadeten Theologen des *Neuen Weges*, und man wird wohl nicht fehlgehen, wenn man in der späteren Gnadentheologie des Paulus auch einen Reflex seiner persönlichen Glaubensbiographie vermutet: *ubi abundavit peccatum, superabundavit gratia – „wo die Sünde mächtig wurde, da ist die Gnade übermachtig geworden"* (Röm 5,20b).
Es mag dahingestellt sein, ob die weitere Schilderung mehr der Dynamik der Apostelgeschichte oder dem Charakter des Paulus entspricht, wenn Paulus im Anschluss an sein Bekehrungserlebnis, so die Apostelgeschichte, stante pede mit der Glaubensverkündigung beginnt, sich mit den Aposteln in Jerusalem ins Benehmen setzt und dort den Missionsauftrag für die Heiden erhält. Der Erzähltakt ist hier wohl eher der des Zeitraffers. Denn bei Paulus selbst klingt das alles etwas anders. Nach jenem umstürzenden Erlebnis, das ihn buchstäblich aus der Bahn geworfen und sein ganzes Leben umgekehrt hat, zieht sich Paulus zunächst in die Wüste nach Arabien zurück (vgl. Gal 1,17). Was da in seiner Bekehrung von einem Moment auf den anderen an ihm geschehen ist, muss zunächst verarbeitet, durchbetet werden. Die Parallele zu Jesus, der sich nach seiner Taufe im Jordan und dem machtvollen Gotteserweis ebenfalls in der Wüste aufhält, ist unübersehbar. Und wohin sollte Paulus, nachdem er in den postbaptesimalen Exerzitien seine neue Existenz durchreflektiert hat, anders gehen, wenn nicht in jene Gemeinde, in der er zur Konversion gefunden hat: nach Damaskus, seiner neuen Heimatgemeinde. Dort bleibt er immerhin drei Jahre, wie er selbst schreibt, bevor er nach Jerusalem

aufbricht, *„um Kephas kennen zu lernen"* (Gal 1,18); von den anderen Aposteln lernt er nur noch Jakobus, den Herrenbruder, kennen. Bis zu einem zweiten Besuch der Gemeinde in Jerusalem, dann schon in prominenter Mission im Rahmen des sog. Apostelkonzil, vergehen immerhin 14 Jahre (vgl. Gal 2,1). Erst danach, so schreibt Paulus, *„ging ich in das Gebiet von Syrien und Zilizien. Den Gemeinden Christi in Judäa aber blieb ich persönlich unbekannt, sie hörten nur: Er, der uns einst verfolgte, verkündigt jetzt den Glauben, den er früher vernichten wollte. Und sie lobten Gott um meinetwillen"* (Gal 1,17-24).
Saulus wird zum Paulus, weil er eine Erfahrung von Kirche macht: Kirche, die auf der Höhe ihrer Berufung und Sendung ist, einer Kirche, die liebt und vergibt, weil Gott schon längst am Werk ist. Eine Kirche, die kraft der geistlichen Hellsichtigkeit und des entschiedenen Handelns ihrer Repräsentanten überzeugt. Dies soll abschließend in drei Hinweisen noch an der biblischen Vorlage exemplifiziert und verdeutlicht werden.

II. Der neue Weg: der Rhythmus geist-voller Pastoral

Der *Neue Weg*, den die Jünger der Hananias-Gemeinde in Damaskus einschlagen und der auch durch die Geschichte hindurch den Weg der Kirche vorzeichnet, lässt sich synthetisch mit den Grundworten kirchlicher Sendung beschreiben, wie sie in jener doppelten Bekehrungsgeschichte von Saulus und Hananias zum Klingen gebracht werden. Eine Orientierungshilfe auch für kirchliche Führungskräfte.

1. Personale Repräsentanz: das neue Stehen oder: Pastorale Zu-Ständigkeit

Anastas – „Steh auf!": Was von Hananias als dem Repräsentanten der Gemeinde gefordert, ihm zugemutet wird, ergeht an ihn im Imperativ. Hier ist kein Platz für Klage und Selbstmitleid; vielmehr wird er herausgerufen, sich innerlich aufzurichten, vor den Herrn zu treten. Hananias antwortet, wie es auch die Weiheliturgie für die Kandidaten vorsieht: *idou ego, kyrie* – „hier bin ich, Herr"! Damit bekommt der Mann der Kirche, in diesem Fall Hananias, ein neues *standing* auch gegenüber dem sprichwörtlichen so tief gefallenen Saulus. Als aufrechter Zeuge Gottes richtet er Saulus nun seinerseits auf, getreu dem Wort und Gestus Jesu, der dem in Krankheit wie den in Schuld gefallenen Menschen – nach Augustinus dem in sich gekrümmten *„homo incurvatus in seipsum"* – seine ursprüngliche Würde wiedergegeben hat.

Man möchte der Kirche auch unserer Tage und ihren Vertretern gelegentlich weniger Larmoyanz und Wehleidigkeit, Verdrossenheit und negatives Gerede wünschen als vielmehr jene gottbefohlene Nüchternheit, Entschiedenheit und Tatkraft. Natürlich wird es immer Probleme geben, aber sie dürften dem, der sich so vom Herrn ansprechen lässt, nicht zum Problem werden. Es ist bequem, aber eben auch unfair, aus der selbst gewählten kritischen Distanz, derer man sich noch brüstet, wie auf einer Besuchertribüne das „Spiel" der Anderen zu kommentieren, die sich auf dem Feld der Gemeinde oder Diözese oder darüber hinaus abmühen, anstatt selber mitzuspielen, sich einzubringen, sich die Hände schmutzig, sich schließlich auch angreifbar und verletzlich zu machen.

Hananias wird hier schlicht *mathetes* – Schüler, Jünger – genannt, gleich in welcher Berufung. Und er ist wirklich einer, der auch als Geisterfüllter (Gottgeweihter?) ein Lernender ist, der in Führung geht und sich nicht zurückhält. Für sein seelsorgliches Gegenüber, in dieser Situation ist es der hoch dekorierte Saulus, ist er schlichtweg *der* Repräsentant der Kirche bzw. der Gemeinde, und in einer solchen Konstellation steht Hananias für die Anhänger des *Neuen Weges*, in welcher Berufung auch immer. Von Hananias lernen hieße daher, den Anruf des Geistes nicht weiterreichen und sich auf die eigene Nichtzuständigkeit berufen, sondern sich in die Pflicht nehmen lassen, auch wenn die Situation unangenehm und brenzlig ist und die Folgen unabsehbar sind.

2. Spirituelle Kompetenz: das neue Sehen oder: Geistlicher Durchblick

En horamati – „in einer Vision" (von griech. *horan* – „sehen") vollzieht sich der geistliche Erkenntnisprozess des Saulus wie auch des Hananias. Dass Saulus es in Damaskus mit Hananias zu tun bekommt, ein *„frommer, gesetzestreuer Mann, der bei allen Juden dort in guten Ruf stand"* (Apg 22,12), ist ein absoluter Glücksfall. Denn Hananias ist jemand, der es gelernt und geübt hat, tiefer zu sehen und mehr zu erkennen, will sagen: Wirklichkeit umfassender aus dem Glauben zu deuten. Auch hier wird bewusst der sprachliche Gegensatz gesucht zu dem wütenden Saulus, der sprichwörtlich „blind" ist für das Wirken Gottes. Es ist das „neue Sehen" der Jünger Jesu, die Jesus seligpreist: *„Ihr aber seid selig, denn eure Augen sehen und eure Ohren hören. Amen, ich sage euch: Viele Propheten und Gerechte haben sich danach gesehnt zu sehen, was ihr seht, und haben es nicht gesehen, und zu hören, was ihr hört, und haben es nicht gehört"* (Mt 13,16f).

Könnte Jesus das auch heute von seinem kirchlichen Personal sagen, das doch tagtäglich mit der Heiligen Schrift und der Eucharistie in Berührung kommt und dessen spirituelle Kernkompetenz durch Gebet und Verkündigung Tag für Tag genährt und gestärkt wird? Oder macht gerade der berufsmäßige ständige Umgang mit dem Heiligen im Gegenteil „betriebsblind", so dass man – wie einst der in seinem Welt- und Gottesbild befangene Täufer – neu darauf gestoßen werden muss, wo der Geist Gottes schon längst am Werk ist: *„Blinde sehen wieder und Lahme gehen; Aussätzige werden rein und Taube hören; Tote stehen auf und den Armen wird das Evangelium verkündet"* (Mt 11,5). Leben mit dem Heiligen par excellence, dem Auferstandenen inmitten seiner Kirche, bedeutet jedenfalls mehr als formale Pflichterfüllung standesgemäßer Frömmigkeit. Von Hananias lernen heißt, vertrauten Umgang haben mit dem lebendigen Gott und bereit sein, auch dort noch mit den Überraschungen des Geistes zu rechnen, wo nach eigener Erfahrung nichts Gutes mehr zu erwarten ist, ja selbst gegen berechtigte Einwände (*hosa kaka epoiesen* – *„er hat viel Böses getan"*; vgl.

Apg 9,13). Wer den Geist hat, kann auch das Wirken des Geistes im Anderen sehen. Das wird Paulus später sogar explizit mit gewachsenem geistlichen Selbstbewusstsein der Gemeinde in Korinth bezeugen: „*Wir aber haben den Geist*" (1 Kor 2,16).

3. Missionarischer Auftrag: Das neue Gehen oder: Offensive Pastoral

Poreutheti – „mach dich auf"! Auch gegen eigene Bedenken und mögliche Bedenkenträger in der Gemeinde liegt die Initiative bei dem, der sich vom Herrn in die Pflicht genommen weiß: Es ist die neue Gangart dessen, der sich dem Imperativ des Gotteswortes stellt. Hananias wartet nicht, bis Saulus bei ihm anklopft: er geht ihm entgegen und legt ihm die Hände auf (*epitheis ep auton tas cheiras*). Handauflegung als Zeichen der Geistmitteilung, auch hier ein wohl nicht zufälliger Anklang an die Weihehandlung. Hananias gibt weiter, was er als Jünger des *Neuen Weges* zu geben hat: den Segen Gottes, Ausdruck des göttlichen Verzeihens, und das ist nicht wenig.

Im Blick auf die gegenwärtige kirchliche Situation ließe sich damit vielleicht eher und nachdrücklicher jener Paradigmenwechsel von einer „Komm her"-Pastoral zu einer „Geh hin"-Pastoral nachvollziehen, wo man nicht jedem Neuen und Ungewohnten zunächst mit Skepsis und innerer Abwehr, sondern mit geistlicher Neugier und Offenheit begegnet: eine „*Kirche des Willkommens*"[9]. Sonst könnte es passieren, dass man sich auch in der Kirche schon viel zu lange auf dem Erreichten ausgeruht und, von vielen unbemerkt, an verfestigte Strukturen, liebgewordene Abläufe, milieugestützte Frömmigkeitsformen gewöhnt hat, deren äußere Form leicht mit der inneren Substanz gleichgesetzt und mögliche Geistgewirkte Neuansätze abseits des ausgetretenen Weges übersehen werden. Von Hananias lernen hieße dann möglicherweise auch, gerade auch angesichts der oft unfruchtbaren Auseinandersetzungen um den rechten Weg und dem enervierenden Umgang mit Kritik und Kritikern, jene Segenskultur der Jünger des *Neuen Weges* neu zu lernen, die offenkundig ein Geschenk des Geistes ist.

III. Fortschreitendes Wachstum: Wo die Gnade übermächtig wird

Jene denkwürdige Begegnung zwischen Saulus und Hananias hat die Geschichte des Christentums entscheidend und nachhaltig geprägt und verändert. Hananias, dem Damaszener Menschenfischer wider Willen, war mit Paulus ein besonders dicker Fisch ins Netz gegangen, wie der Fortgang der Geschichte zeigt. Der Neubekehrte brauchte, wie es aussieht, keine weitere Bedenkzeit. *„Sofort fiel es wie Schuppen von seinen Augen und er sah wieder; er stand auf und ließ sich taufen. ... Einige Tage blieb er bei den Jüngern in Damaskus; und sogleich verkündete er Jesus in den Synagogen und sagte: Er ist der Sohn Gottes*" (Apg 9,18.20). Theologisch und rhetorisch hoch gebildet und von leidenschaftlichem Charakter, setzt Paulus nach seiner Konversion seine ganze Energie und seinen missionarischen Eifer in den Dienst der neu gewonnenen Glaubenserkenntnis, und zwar umgehend, sofort – *euthys*. In der Unmittelbarkeit der Gottesbegegnung, besiegelt in der Taufe, findet sich auch das Serum der Bereitschaft, das neuentdeckte Leben weiterzugeben, die erfahrene Heilsgnade weiterzusagen: *„Wir können unmöglich schweigen über das, was wir gesehen und gehört haben*" (Apg 4,20). Darin erweist sich Paulus schon im Moment seiner Bekehrung als echter Apostel. Es ist die Zeitlichkeit des Neuanfangs, der neuen Existenz in Christus, und der neue Lebensstil duldet keinen Aufschub. Und wie so oft bei Konvertiten, ist auch bei dem neubekehrten Paulus ein missionarischer Drang erkennbar, alle Welt mit seiner neuen Welt-Anschauung zu beglücken.

Dabei dürfte die in der Taufe erfahrene Sündenvergebung ein starkes Movens sein, umso mehr, als ihm die Größe seiner Schuld erst im Licht des neuen Glaubens vollends bewusst wird. *„Wem nur wenig vergeben wird, der zeigt auch nur wenig Liebe*" (Lk 7,47), sagt Jesus mit Blick auf die Sünderin, der er *„ihre vielen Sünden*" vergeben hat. Für Paulus wird die existentielle Erfahrung göttlicher Begnadung aus Sünde und Schuld zum entscheidenden Motiv seiner Verkündigung, die ihren Niederschlag später dann in seinem Briefapostolat und seiner theologischen Reflexion finden wird.

1. Fehlstart und Neuanfang: Chancen und Risiken erfolgreicher Berufungspastoral

Doch für die Gemeinde in Damaskus ist es offensichtlich nicht einfach, mit einem so prominenten Neuzugang umzugehen. Paulus, auch nach seiner Bekehrung ein unbequemer Heiliger, der sich schlechterdings nicht in das Konzept der Gemeindepastoral einbinden lässt, muss schließlich in seinem Übereifer geschützt und von der Gemeinde vor den Juden in Sicherheit gebracht werden. *„Da beschlossen die Juden, ihn zu töten. ... Sie bewachten sogar Tag und Nacht die Stadttore, um ihn zu beseitigen. Aber seine Jünger nahmen ihn und ließen ihn bei Nacht in einem Korb die Stadtmauer hinab"* (Apg 9,24f). Auch der Neubekehrte muss bei allem guten Willen erst noch den Rhythmus einer missionarischen Pastoral kennen lernen: nicht reden, sondern leben! Aber so leben, dass man gefragt wird! Bei Philippus hätte Paulus den Rhythmus einer nachgehenden statt vorpreschenden missionarischen Seelsorge kennen lernen können. Doch das passt irgendwie nicht zu dem ungestümen Charakter eines Paulus. Eine Pastoral der leisen Töne und der unaufdringlichen (aber wirkmächtigen) Präsenz sind ihm offenkundig fremd. Er wird sie allerdings im Laufe seiner Missionsreisen noch mühsam lernen.

Nicht viel anders als in Damaskus ergeht es Paulus schließlich auch in Jerusalem, wo er nur dank seines Mentors Barnabas Zugang zur Gemeinde bekommt. Auch hier zettelt der Neubekehrte sofort wieder *„Streitgespräche mit den Hellenisten"* (Apg 9,30) an und zieht binnen kurzem ihren geballten Zorn auf sich, so dass auch hier wiederum die Gemeinde einschreiten muss, um ihn nach Caesarea zu bringen und schließlich nach Hause zu schicken. Erst nachdem Paulus die Stadt verlassen hatte, heißt es lapidar: *„Die Kirche in ganz Judäa, Galiläa und Samarien hatte nun Frieden; sie wurde gefestigt und lebte in der Furcht vor dem Herrn. Und sie wuchs durch die Hilfe des Heiligen Geistes"* (Apg 9,31). Nicht durch die Predigttätigkeit ihres Neubekehrten!

Es ist nur Barnabas, seinem Mentor, zu verdanken, dass dieser sich später wieder auf Paulus und dessen unbestreitbare Qualitäten besinnt und ihn nach Antiochien holt. Barnabas gelingt

es, seine Stärken zu stärken und ihn vor seiner Schwäche zu schützen. So wirken beide segensreich ein volles Jahr zusammen in Antiochia (vgl. Apg 11,25f): die Gemeinde wächst, der Glaube an Jesus, den Christus, breitet sich aus. Und obwohl beide Apostel doch ein ziemlich ungleiches Paar bilden, sind sie zusammen als „Dream-Team", so scheint es, unschlagbar, zumindest für eine gewisse Zeit. Die beiden sind ausgesprochen erfolgreich. In Lystra werden sie sogar für die Inkarnation der Götter, für Hermes und Zeus, gehalten (vgl. Apg 14,12). Paulus ist der Wortführer und unbestrittene Star, ausgesprochen selbstbewusst und mit mächtigem Sendungsbewusstsein ausgestattet, wenn auch menschlich durchaus schwierig, ein „Radikalinski" – bereit, für das Evangelium in den Tod zu gehen, aber auch jedem die Zähne zu zeigen, der am Evangelium etwa Abstriche vornehmen will oder Kompromisse zu machen versucht. Wenn es um seine Glaubensüberzeugungen geht, legt er sich mit jedem an, wenn es sein muss, auch mit den höchsten Autoritäten seiner Kirche. Es klingt ein wenig selbstgerecht, wenn er sich auch noch öffentlich rühmt, Petrus *„ins Angesicht widerstanden"* (Gal 2,11) zu haben, dem er Heuchelei in seinem Verhalten und Anbiederung an die Judenchristen vorwarf. Dabei hatte er selbst auf seiner zweiten Missionsreise seinen Begleiter *„mit Rücksicht auf die Juden"* (Apg 16,3) beschneiden lassen. Vieles spricht dafür, dass Paulus im Laufe seines apostolischen Dienstes dazugelernt hat ...
Barnabas ist der stillere von beiden, *„ein trefflicher Mann, erfüllt vom Heiligen Geist und vom Glauben"* (Apg 11,24), der Mann im Hintergrund. Er war es, der Paulus sozusagen „entdeckt" hat, sein Mentor, und der den Kontakt zu den *„Säulen der Gemeinde"*, den Aposteln (Apg 9,26ff), hergestellt hat. Er war es auch, der Paulus in Tarsus aufgesucht (vgl. Apg 11,25f) und für die Volksmission in Antiochien angeheuert hat. Dort, wo man die Anhänger des *Neuen Weges* erstmals „Christen" nannte (vgl. Apg 11,26). Zusammen haben sie sich für die heidenchristliche Gemeinde stark gemacht und sind als deren Anwälte nach Jerusalem zum Apostelkonzil gereist, um die Zugangsfrage zum Glauben und zur Kirche grundsätzlich klären zu lassen, was dann ja auch positiv entschieden wurde und der Grund-

stein für die Erfolgsmission des Paulus und Ausbreitung des Glaubens war.

2. Kooperation und Integration: Kirche auf Wachstumskurs

Nachdem die Grundsatzfrage entschieden und das Missionswerk von Paulus und Barnabas vollinhaltlich von der gesamten Kirche und den Autoritäten in Jerusalem gutgeheißen war, könnte man meinen, dass damit alle Probleme gelöst sind und der jungen Kirche zumindest im Binnenbereich ruhige Zeiten bevorstehen. Doch ein Blick hinter die Kulissen verrät, dass dem durchaus nicht so ist. Nachdem jene beiden diesen Richtungsstreit gewonnen haben, treten im menschlichen Miteinander doch zunehmend Differenzen auf. Für den zeitgenössischen Beobachter eine nicht ganz überraschende, aber doch leidvolle Entwicklung: dass ausgerechnet diejenigen, die Verantwortung und Führung in der Kirche übernehmen, sich im Umgang miteinander schwer tun. Da mag jemand ein begnadeter Prediger oder ein hervorragender Theologe sein; doch braucht es auch menschliche Qualitäten, soziale Kompetenzen und geistliche Reife, damit seine Gaben fruchtbar werden für das Wachstum der Kirche. Überflüssig zu betonen, dass menschliche Unzulänglichkeiten im Führungsteam für eine konstruktive Pastoral ausgesprochen kontraproduktiv sind. Die Apostelgeschichte verschweigt nicht, dass auch die Kooperation des Paulus mit seinen Mitarbeitern nicht immer störungsfrei verlief. So kommt es noch in Antiochia, zu Beginn der zweiten Missionsreise, zu einer *„heftigen Auseinandersetzung"* (Apg 15,39) zwischen Paulus und Barnabas, in der es um Personalfragen geht, genauer um die Eignung eines pastoralen Mitarbeiters, Markus. Paulus verficht die harte Linie und sieht die Vertrauensbasis für die weitere Zusammenarbeit gestört: Auf wen einmal nicht Verlass war, der taugt nicht für die Mission; Barnabas dagegen versucht zu integrieren, dringt aber letztlich mit seinen Vermittlungsbemühungen nicht durch. So kommt es zur Trennung – ob im Zorn oder im Frieden, darüber schweigt die Apostelgeschichte. Klar ist nur, dass beide ihrer Wege gehen: Barnabas nimmt Markus mit nach Zypern; Paulus tritt seine zweite Missionsreise mit einem neuen pastoralen Mitarbeiter, Silas, an. Wie es scheint, mit Gottes Segen auch auf dieser neuen Reise.

Dieser nicht ganz befriedigende Abbruch einer bis dato außerordentlich erfolgreichen pastoralen Partnerschaft stimmt nachdenklich. So richtig und wichtig es ist, eine angemessen Form zu finden, offen mit Differenzen umzugehen und, wenn es sein muss, auch mit Anstand auseinanderzugehen, so ist doch das erste Ziel, Differenzen auszuhalten und mit Grenzen und Schwächen – den eigenen wie der anderen – konstruktiv umzugehen: beieinander bleiben und sich eher auf die Zunge zu beißen als über den anderen herziehen, auch wo man unterschiedlicher Meinung oder, was fast noch „schlimmer" ist, wenn der andere erfolgreicher ist. Da muss allemal auch für die kirchlich und pastoral Verantwortlichen die Devise gelten, sich nicht auseinander dividieren lassen. In dieser Hinsicht scheinen die Tugenden eines Barnabas noch wichtiger zu sein als die hellsichtigen Visionen und scharfzüngigen Worte eines Paulus. Ihre Zusammenarbeit scheitert letztlich daran, dass Paulus einem früheren Mitarbeiter, *„Johannes, genannt Markus"* (Apg 15,37), mit dem er (vermeintlich) schlechte Erfahrungen gemacht hat, keine zweite Chance gibt. Wir wissen letztlich zu wenig über diesen Vorfall, aber es fällt doch eher ein Schatten auf Paulus.

Wie subtil ist die Versuchung, sich auch innerhalb eines Pastoralteams oder kirchlichen Gremiums zu profilieren, sich vom Nachbarpfarrer abzusetzen, den Vorgänger schlecht zu machen oder über den Nachfolger zu klagen. Es mag dafür durchaus berechtigte Gründe geben. Jammern verbindet, sagt man, vor allem aber schwächt es. Und die große Projektionsfläche, an der man sich abarbeiten kann, ist dann je nach gusto der Papst oder der Bischof, die Amtskirche, der Generalvikar, der Personal- oder Finanzchef – oder einfach: die Behörde, das Generalvikariat, „die in Rom" … *„Deswegen weine ich: Obwohl wir mitten unter Brüdern leben, haben wir Wachsamkeit nötig, um kein Unrecht zu erleiden"*, klagt schon der Kirchenvater Johannes Chrysostomos: *„Deswegen weine ich am meisten, dass wir bei so vielen Gemeinsamkeiten im Streit liegen.*"[10] Wie groß ist die Versuchung auch unter Christen, auch unter haupt- und ehrenamtlich Verantwortlichen im kirchlichen Dienst, die eigenen Stärken auszuspielen und die Schwächen des anderen vorzuführen und sich so aneinander zu versündigen *„in Gedanken, Worten und Werken*". Es dürfte nicht von ungefähr sein, dass Jesus das *Neue Gebot*, das er als Lebensregel seiner Gemeinde aufstellt, zunächst und primär an die Adresse seiner Apostel gerichtet hat, sozusagen als Präambel der Lebensordnung im ersten Priesterseminar: einander zu lieben – man mag es übersetzen mit: respektieren, wertschätzen –, wie er uns geliebt hat. Dass es unter Christen – und das heißt doch: in der Kirche – nach dem Willen Jesu herrschaftsfrei zu gehen soll, mag eine ständige Herausforderung und Provokation sein, die im wahrsten Sinn des Wortes welt-fremd erscheint und doch zugleich ihre Faszination ausmacht. Denn die sozialen Hierarchien nach dem Muster des Oben und Unten ist in der Gesellschaft sehr eindeutig geregelt. *„Bei euch aber soll es nicht so sein, sondern wer bei euch groß sein will, der soll euer Diener sein*" (Mk 10,43). Es ist bezeichnend, dass Lukas den Rangstreit der Jünger sogar bis in die letzte Stunde des Abendmahls hinein verlegt: selbst in der Stunde tiefster und dichtester Einheit, jenem Moment der eucharistischen Lebenshingabe, streiten die Jünger untereinander, wer der Größte unter ihnen sei (vgl. Lk 22,24).

Damit aber kommt ein Zweites in den Blick, das auch an unserem apostolischen Duo, insbesondere an Barnabas, abzulesen ist: die Bereitschaft zum Kompromiss. Barnabas hat, so scheint es, eine wahrhaft pontifikale, d.h. brückenbauende und integrierende Begabung. Und es ist bezeichnenderweise Paulus, der diese Einsicht, die ihm selbst im konkreten Vollzug so schwer fällt, theologisch reflektiert und ins Wort bringt. Nachdem das Apostelkonzil die beiden Heidenmissionare in ihrer Sendung bestätigt und u.a. mit der Auflage für die Neubekehrten entlassen hatte, mit Rücksicht auf die Gefühle der Judenchristen den Verzehr von Götzenopferfleisch zu meiden (vgl. Apg 15,28f), regt sich dagegen in der paulinischen Gemeinde in

Korinth offensichtlich Widerstand. Denn wenn es keine Götter und Götzen gibt, gibt es auch kein Götzenopferfleisch, was Paulus bestätigt. Aber die vollkommene Erkenntnis führt noch nicht zur vollkommenen Liebe: *„Zwar kann uns keine Speise vor Gottes Gericht bringen. Wenn wir nicht essen, verlieren wir nichts, und wenn wir essen, gewinnen wir nichts. Doch gebt Acht, dass diese eure Freiheit nicht den Schwachen zum Anstoß wird"* (1 Kor 8,8f).

Eindeutiger lässt sich kaum formulieren, dass die *„Freiheit des Christenmenschen"* ihre Begrenzung dort erfährt, wo die Liebe verletzt wird. Konkret fordert diese eben Rücksichtnahme auf die Schwachen, jene im Glauben und in der Erkenntnis nicht so gefestigten Mitchristen. Das führt Paulus an diesem Beispiel weiter aus: *„Wenn nämlich einer dich, der du Erkenntnis hast, im Götzentempel beim Mahl sieht, wird dann nicht sein Gewissen, da er schwach ist, verleitet, auch Götzenopferfleisch zu essen? Der Schwache geht an deiner ‚Erkenntnis' zugrunde, er, dein Bruder, für den Christus gestorben ist. Wenn ihr euch auf diese Weise gegen eure Brüder versündigt und ihr schwaches Gewissen verletzt, versündigt ihr euch gegen Christus. Wenn darum eine Speise meinem Bruder zum Anstoß wird, will ich überhaupt kein Fleisch mehr essen, um meinem Bruder keinen Anstoß zu geben"* (1 Kor 8,10-13).

Es fiele nicht schwer, an dieser Stelle das Hohelied der Liebe (1 Kor 13) anzustimmen, das die Liebe als das eigentliche Korrektiv und Regulativ für alles zwischenmenschliches Verhalten herausstellt. Dies singt sich in Hoch-Zeiten menschlicher Zuneigung sehr leicht. In den Niederungen des Miteinanders, der unterschiedlichen Vorstellungen, Ansichten, Wünsche ... wird es dagegen sehr schnell zum Lackmustest gelebter Christlichkeit. Hier ist die Bereitschaft zum Kompromiss, zum Nachgeben und Zurückstecken gefordert, gerade auch des Stärkeren gegenüber dem Schwächeren, damit gemeinsames Wachstum gelingt. Bischof Klaus Hemmerle hat dies auf die unschlagbare, aber in der Tat schwer zu beherzigende Formel gebracht: *„Lieber das weniger Vollkommene in Einheit als das noch Vollkommenere in Uneinheit"*.

Paulus entwickelt sich nach seiner Bekehrung zum großen

Völkerapostel, der die Tür zu den Heiden aufstößt und der Kirche so ihre eigentliche universale Heilssendung schenkt. Von Hananias und seiner Gemeinde dagegen hört man nach jener historischen Begegnung nichts mehr. Er hat seine Mission erfüllt und tritt zurück hinter jenem machtvoll auftretenden Zeugen Christi, der in den Folgejahren dem Evangelium zu einem beispiellosen Siegeszug verhilft. Doch so kraftvoll Paulus auftritt, so leidenschaftlich er seine Gnadentheologie der Rechtfertigung verkündet: nur an jenen Kulminationspunkt eigener Schwäche mag Paulus offenkundig nicht so gern erinnert werden. Dabei hat er sogar eine Theologie der Schwäche entwickelt, in der Gottes Stärke gerade erst zum Durchbruch kommt.

Vielleicht hätte er sich dann gelegentlich zurückgenommen und auch Randfiguren wie einem Hananias – oder Markus oder Lukas – die Ehre gegeben. Für Saulus war die geistgewirkte Intervention des Hananias jedenfalls das Sprungbrett für eine beispiellose Verkündigungstätigkeit; da gerät das „Brett" schnell in Vergessenheit. Gleichwohl hat die Kirche durch die Jahrhunderte mit der Erfolgsmission des Paulus auch dessen Bekehrungsgeschichte geerbt, und es ist ihr nur zu wünschen, dass sie aus beidem die entsprechenden Lehren zieht.

IV. Nachklang und Abgang: Am Ende ist Schweigen

1. Gewachsene Strukturen und Geistliches Erbe

Die Mission der Paulus ist ein voller Erfolg. Gegen alle Hindernisse und Widerstände, die Paulus in einer hochemotionalen Rechtfertigung gegenüber den „Aposteln" (2 Kor 11,13) seiner Korinther Problemgemeinde aufzählt, hinterlässt er in Kleinasien und Griechenland eine Leuchtspur wachsender Gemeinden. Und der Erfolg gibt ihm Recht, bestätigt er doch seine Theologie des universalen Heilswillens Gottes *„bis an die Grenzen der Erde"*. Solange eine Kirche im Wachsen ist, in die Breite und in die Tiefe, kann man auch Ungemach verkraften und Mühen und Strapazen auf sich nehmen: Gefängnis und Schiffbruch, Hunger und Durst, Kälte und Blöße ... (vgl. 2 Kor 11,23-33). Dass dies in Zeiten der Stagnation oder des „Minuswachstums" weitaus schwieriger ist, erhält in der gegenwärtigen Glaubens- bzw. Kirchenkrise unmittelbare Evidenz. Doch der pastorale Erfolg beflügelt, gibt Selbstvertrauen und stärkt das Gottvertrauen, allen Wachstumskrisen und Schwierigkeiten zum Trotz.

Dabei ist die Kennzahl des Wachstums in der paulinischen Erfolgsstory nicht nur an der Zahl der Gottesdienstbesucher oder Kirchensteuerzahler bzw. an der Höhe des Spendenaufkommens für die Jerusalemer Gemeinde messbar. Paulus kann sich in seinen Briefen herzlich freuen, dass die Liebe untereinander wächst, die Gemeinschaft in Christus, das Hören auf den Geist ... Da geht dem Gründervater – zu Recht – das Herz auf, und es wird deutlich, dass pastorale Verantwortung nicht nur eine Frage von Professionalität und Führungskompetenz ist und sich nicht in Organisationspsychologie und Pastoralstrategie erschöpft, sondern vor allem eine Herzensangelegenheit ist. Sozialpsychologen mögen hier nüchtern von „emotionaler Intelligenz" sprechen; andere halten es da eher mit der Weisheit des „Kleinen Prinzen" Saint-Exupérys, dass man für das, was man sich vertraut gemacht hat, ein Leben lang verantwortlich ist. So geht es Paulus auch mit seinen Gemeinden, an deren Geschick er auch nach seinem Weggang lebhaft Anteil nimmt, derer er in seinen Gebeten gedenkt, denen er lange, oft mahnende oder tröstende Briefe schreibt. Gemeindeaufbau folgt jedenfalls nicht pastoralstrategischen Planungen, sondern geht über menschliche Beziehungen und persönliche Vertrautheit. Davon sprechen auch die Grußadressen am Schluss der Paulusbriefe (vgl. z. B. Röm 16; 1 Kor 16,13-24).

Doch so eng die gewachsene Vertrautheit mit seinen Gemeinden auch ist und so herzlich die Beziehungen zu den einzelnen Gläubigen: für den Völkerapostel gibt es dennoch kein Bleiben. Als Vollblutapostel sucht er immer wieder neue pastorale Herausforderungen (oder lässt sich von ihnen finden), die ihn im wahrsten Sinn des Wortes aus der wohlsituierten „Pfarrfamilie" heraus-fordern: zu neuen Ufern, an denen ihn in einer Vision ein „Mazedonier" nach Griechenland in die damals „neue Welt" herüberruft (vgl. Apg 16,9); ein anderes Mal weiß er sich *„gebunden durch den Geist"* (Apg 20,22), um seinen Glauben auch vor den Mächtigen der Welt zu bezeugen – in Jerusalem wie in Rom, der Kapitale des damaligen Weltreiches (vgl. Apg 23,11). Doch auch trotz höherer Einsicht und edelster Motive bleibt jeder Abschied schmerzhaft, erst recht, wenn er von der Ahnung der Endgültigkeit überschattet ist. Da mag auch die Aussicht auf Briefkontakt nicht wirklich hinwegtrösten, denn ob und wann ein Brief den Empfänger erreicht, ist angesichts der weiten und unsicheren Postzustellungswege höchst zweifelhaft, erst recht, wo der Brief schließlich landet und ob je eine Antwort zu erwarten ist. All das lässt sich auch von dem „Übervater" seiner Gemeinden nach seinem Weggang nicht mehr organisieren. So sehr Paulus daran liegen mag, die pastorale Verantwortung noch über die Zeit seiner physischen Präsenz aufrecht zu erhalten, all das bleibt im Vagen und ist letztlich zum Scheitern verurteilt. Die eigentliche geistliche Übung ist daher die des Abgebens, des Loslassens – *„letting go"* (Joseph Cardinal Bernardin).

2. Letzte Worte und endgültiger Abschied

Dies wird insbesondere in der herzzerreißenden Abschiedsszene deutlich, mit der sich der Völkerapostel in aller Endgültigkeit von seinen Ältesten der Gemeinde in Ephesus trennt (vgl. Apg 20,17-38). Die vom Verfasser der Apostelgeschichte natürlich stilisierten und paränetisch (und für unsere Verhältnisse ziemlich pathetisch) aufgeblähten Abschiedsworte verstehen sich zum Einen als Bestandsaufnahme und Ergebnissicherung seines pastoralen Wirkens: *„Ihr wisst, wie ich ... dem Herrn in aller Demut diente unter Tränen und vielen Prüfungen, die ich durch die Nachstellungen der Juden erlitten habe, wie ich nichts verschwiegen habe von dem, was heilsam ist. Ich habe es euch verkündigt und habe euch gelehrt, öffentlich und in den Häusern. Ich habe Juden und Griechen beschworen, sich zu Gott zu bekehren und an Jesus Christus, unseren Herrn, zu glauben"* (Apg 20,18-21). Zum Anderen behält Paulus (bzw. der Verfasser der Apostelgeschichte) auch vorsichtshalber gleich selbst die Deutungshoheit über die geistlichen Beweggründe seines Aufbruchs: *„Nun ziehe ich, gebunden durch den Geist, nach Jerusalem und ich weiß nicht, was dort mit mir geschehen wird. Nur das bezeugt mir der Heilige Geist von Stadt zu Stadt, dass Fesseln und Drangsale auf mich warten. Aber ich will mit keinem Wort mein Leben wichtig nehmen, wenn ich nur meinen Lauf vollende und den Dienst erfülle, der mir von Jesus, dem Herrn, übertragen wurde: das Evangelium von der Gnade Gottes zu bezeugen"* (Apg 20,22-24). Es ist der Blick auf das Lebenswerk eines Mannes mit einem bemerkenswerten „Knick" in der Biographie, der als „Spätberufener" sein Leben radikal in den Dienst Gottes gestellt hat, der unter vielen Schmerzen, seiner Schuldgeschichte wie seinen menschlichen Grenzen zum Trotz, seine Mission und wahre Größe gefunden hat: „leidenschaftlich kirchlich". Die letzte Prüfung steht ihm allerdings noch bevor: Abstand nehmen auch von dem Guten, das er gewirkt hat, sich lösen von denen, die er sich vertraut gemacht hat, abtreten von der Bühne des Erfolgs und aus dem Scheinwerferlicht der Öffentlichkeit.

Paulus ahnt, dass diese letzte große Prüfung ihm noch bevorsteht, und so bleibt ihm nichts anders übrig, als die ihm ans Herz gewachsene Kirche Gottes, hier seine Lieblingsgemeinde in Ephesus, der Führung Gottes anzuvertrauen, nicht ohne den Führungsverantwortlichen noch einige eindringliche Mahnungen und Warnungen mit auf den Weg zu geben: *„Ich weiß: Nach meinem Weggang werden reißende Wölfe bei euch eindringen und die Herde nicht schonen. ... Seid also wachsam und denkt daran, dass ich drei Jahre lang Tag und Nacht nicht aufgehört habe, unter Tränen jeden einzelnen zu ermahnen... Und jetzt vertraue ich euch Gott und dem Wort seiner Gnade an, das die Kraft hat, aufzubauen und das Erbe in der Gemeinschaft der Geheiligten zu verleihen"* (Apg 20,29.31f). Es ist ein tränenreicher Abschied, da allen bewusst ist, dass es diesmal ein Abschied für immer ist. *„Und alle brachen in lautes Weinen aus, fielen Paulus um den Hals und küssten ihn; am meisten schmerzte sie sein Wort, sie würden ihn nicht mehr von Angesicht sehen"* (Apg 20,37f).

Man mag das Ganze für eine ziemlich dramatische Inszenierung des Autors der Apostelgeschichte halten, und die ist es auch wohl. Doch vielleicht erschließt sich der testamentarische Charakter dieser Abschiedsrede, die letztlich dem gesamten Wirken des Paulus gilt, *ex eventu* – vom bevorstehenden Ende der paulinischen Missionstätigkeit her. Denn mit diesem letzten großen Auftritt ist Paulus auch die Bühne für seine pastorale Verkündigung genommen. Der große Meister des Wortes wird in der Folge auf sich selbst zurückgeworfen und muss fortan ohne Zuhörer, ohne Applaus und ohne Bekehrungserfolge auskommen. Er wird sich in seiner letzten Lebensphase vornehmlich mit den Bedingungen des jüdischen und römischen Strafvollzugs auseinandersetzen, sich im Blick auf seine Gemeinden aufs Briefeschreiben verlegen und sich ansonsten heimlich aus der Chronik der Apostelgeschichte schleichen.

3. Verhaftet und vergessen: Am Ende ist Schweigen

Paulus mag geahnt haben, was ihm in Jerusalem droht, dem religiösen Zentrum des Judentums, an das er die Lunte des Universalitätsanspruch des Christentums gelegt hatte. Da war es nur eine Frage der Zeit, bis sich auf ihn, den Aussteiger und Apostaten, der mit Heiden gemeine Sache machte und dies theologisch auch noch rechtfertigte, der geballte Volkszorn entlud. Da halfen auch nicht die wohlmeinenden Ratschläge der Glaubensbrüder, sich besonders gesetzestreu zu geben, noch die demonstrativen Weiheschwüre im Tempel (vgl. Apg 21,18-26). Und wieder sind es die religiösen Fundamentalisten, die als Meinungsführer das Volk gegen den Freigeist und Abweichler aufhetzen. Wie zu allen Zeiten ist es gerade die Verbindung von Frömmigkeit und Engstirnigkeit, die zu religiöser Intoleranz führt und, wie hier, in blanken Hass und offene Anfeindung umschlägt. Auch hier muss die heidnische Staatsmacht wie schon bei Jesus schützend eingreifen und Paulus vor den handgreiflichen Übergriffen der vermeintlich Frommen schützen: für Paulus eine Gelegenheit, ein weiteres Mal zu einer großen Predigt anzusetzen und seine eigene Herkunft wie persönliche Glaubens- und Umkehrerfahrung ins Wort zu bringen. Sie wird ihm allerdings nichts helfen. Selbst das öffentliche Eingeständnis, als religiöser Eiferer den Tod des Stephanus mit verschuldet zu haben, kann die Gemüter nicht beruhigen. So holt Paulus, den pharisäischen Apostaten, am Ende seines Lebens seine eigene Vergangenheit wieder ein: in einer letzten Auseinandersetzung mit seinem eigenen Volk, das er doch nicht von seiner eigenen Bekehrung überzeugen kann. Im Gegenteil. Für einen solchen Dissidenten kann es nur die Todesstrafe geben. Der Verweis auf seine römischen Bürgerrechte bewahrt ihn vor Folter durch die Besatzungsmacht; gegen die religiösen Fanatiker allerdings ist auch diese machtlos. Denn gegen Emotionen helfen keine Argumente.

Es ist der letzte öffentliche Auftritt des Apostels, der sich ab da nur noch mit den verschiedenen Instanzen jüdischer und römischer Gerichtsbarkeit und ihrer ungewissen, willkürlichen Rechtsprechung sowie dem zweifelhaften Vollzugssystem auseinandersetzen muss. Es gibt noch einen stillen Triumph, den Paulus genießen kann, als er vor Gericht auf seinen pharisäischen Hintergrund anspielt und daraufhin hinterlistig einen hitzigen Streit zwischen Pharisäern und Sadduzäern heraufbeschwört, so dass die Verhandlung schließlich eskaliert. Aber auch das ist nur ein kleiner Etappensieg, nicht der große Befreiungsschlag. Das ist auch Paulus klar, der darin die Fügung Gottes versteht, sein Glaubenszeugnis bis vor die oberste Instanz nach Rom zu tragen (vgl. Apg 23,11).

So erfüllt sich die Weissagung an Hananias schon bei der Bekehrung des Saulus (wenn auch literarisch *ex eventu* formuliert), die der Völkerapostel wohl erst in seiner letzten Lebensphase vollumfänglich verstanden haben dürfte: *„Dieser Mann ist mein auserwähltes Werkzeug: Er soll meinen Namen vor Völker und Könige und die Söhne Israels tragen. Ich werde ihm auch zeigen, wieviel er für meinen Namen leiden muss"* (Apg 9,15f). Um einem Attentat zu entgehen, wird Paulus bei Nacht und Nebel unter starker Bewachung nach Caesarea überführt, um sich vor dem dortigen Statthalter Felix zu verantworten. Was folgt, sind Zeiten der Unsicherheit und Ungewissheit. Felix, *„der den neuen Weg genau kannte"* (Apg 24,22), ließ Paulus immer wieder einmal kommen, um sich mit ihm zu unterhal-

ten, so wie es einst Herodes mit Johannes dem Täufer gehalten hatte. Auch hier scheint Paulus aus seiner Überzeugung keinen Hehl zu machen, ohne auf die Bestechungswünsche einzugehen. So schmort er zwei Jahre unter sicher nicht sehr angenehmen Haftbedingungen in seinem Verließ, ohne dass irgendetwas passiert. Dasselbe wiederholt sich dann unter Festus, dem Nachfolger des Felix. Es folgen wiederum Vorladungen und Verhöre, in denen Paulus alle Register seiner Überzeugungskunst zieht, mit durchaus amüsanten Reaktionen: *„Du bist verrückt, Paulus! Das viele Studieren in den Schriften treibt dich zum Wahnsinn"* (Festus); *„Fast überredest Du mich, mich als Christen auszugeben"* (Agrippa, Apg 26,24.28). Aber all das bleibt letztlich folgenlos. So bleibt der Freigeist in Abschiebehaft und wird schließlich nach Rom überstellt. Der große Völkerapostel, zur Untätigkeit verurteilt und zur Bedeutungslosigkeit erniedrigt, ein Spielball der Mächtigen.
Die letzten Kapitel der Apostelgeschichte schildern die dramatischen Umstände der mehrmonatigen Überfahrt, Schiffbruch und Überwinterung auf Malta inklusive. Paulus kann hier offensichtlich auch als Gefangener Führung übernehmen und das Wirken Gottes bezeugen, insbesondere in den kritischen Situationen. Die letzte Einstellung zeigt ihn im römischen Hausarrest, im Kontakt mit den Glaubensgenossen. Er empfängt Besuch und spricht von seiner Bekehrungserfahrung – wer es denn hören will. Die Jahre ziehen sich. Von einem Prozess oder gar einem Freispruch ist keine Rede. Doch der Bericht bleibt vage, dann bricht die Chronik ab. So verliert sich seine Spur. Irgendwann (im Jahr 64 oder 67) wird er hingerichtet. Sein Grab ist, wie das seines Herrn, für den er starb, *extra muros*, draußen vor der Stadt.

Anmerkungen

[1] Rundschreiben „ECCLESIAM SUAM", Johannes Verlag Leutesdorf am Rhein 1966, Imprimatur N. 15/1966 Treveris, die 23 m. Februarii 1966.
[2] Vgl. ES 102: *„Die Hypothese eines Dialogs wird sehr schwierig unter solchen Voraussetzungen, um nicht zu sagen unmöglich, obwohl Wir keinen von vornherein ausschließen, der sich zu den genannten Systemen bekennt und*

diese Regierungsformen bejaht. Für den, der die Wahrheit liebt, ist die Diskussion immer möglich."

[3] Benedikt XVI., Ansprache zum Friedenstreffen in Assisi, 27. Oktober 2011.

[4] Vgl.: Matthias Sellmann, Weltpriester: die gegenwärtig riskierteste Großberufung der Kirche, in: Lebendige Seelsorge, Jg. 61. (2/2010), S. 99-105. Ich beziehe mich im Folgenden auf Matthias Sellmann, Der Priester – Brückenkopf im Umbruch. Thesen zur Auswertung des Außerordentlichen Priesterfortbildungszyklus aus pastoraltheologischer und organisationssoziologischer Perspektive, Paderborn, unveröffentlichtes Manuskript, 2009.

[5] Vgl. hierzu auch: Christoph Jacobs / Michael Bredeck, Das Geheimnis des Türhüters. Priester als Brückenbauer im Umbruch, in: Lebendige Seelsorge, Jg. 61. (2/2010), S. 106-114.

[6] Matthias Sellmann, Der Prister. Brückenkopf im Umbruch.

[7] Als „*neophotismos*", wie der Neugetaufte in der frühen Kirche genannt wurde.

[8] Das postsynodale Schreiben Papst Pauls VI. Evanglii nuntiandi spricht in diesem Zusammenhang sehr klar vom „*Wahrheitstest*", der „*Probe der Echtheit der Evangelisierung*": „*Es ist undenkbar, dass ein Mensch das Wort Gottes annimmt und in das Reich eintritt, ohne auch von sich aus Zeugnis zu geben und dieses Wort zu verkünden*" (Nr. 24).

[9] Vgl. Joachim Wanke, Brief eines Bischofs aus den neuen Bundesländern über den Missionsauftrag der Kirche für Deutschland, in: Die deutschen Bischöfe, 68, „Zeit zur Aussaat", S. 35-42.

[10] Johannes Chrysostomos, Hom 8 in Rom (PG 60, 453-468), zitiert nach Peter Klasvogt, Leben zur Verherrlichung Gottes, Bonn 1992, S. 202.

C. Leuchtzeichen

Herrliche Aussichten in bedrängter Zeit – Faszination Kirche in paulinischer Optik

Gott ist im Kommen, Kirche ist im Wachsen, wenn in der Mikroperspektive auch oft nicht wahrnehmbar. Die Einbindung der je eigenen Kirchenerfahrung in den größeren heils- und kirchengeschichtlichen Zusammenhang mag entlasten und vor einseitiger Interpretation und kurzschlüssiger Dramatisierung bewahren. Im Rückgriff auf die Ursprungserfahrung der Kirche mag sich auch im Dunkel der jeweiligen Zeitgeschichte die Leuchtspur der Gottesgegenwart abzeichnen.

Doch gibt es eine Vision, ein Leitbild, das für die Kirche in der (zumindest gefühlten) Schwächeperiode hierzulande orientierend und prägend sein könnte? Einen gemeinsamer Nenner, auf den man sich bei aller Unterschiedlichkeit der Meinungen, Konzepte, Strategien und den so differierenden Kirchenerfahrungen verständigen könnte? Gibt es so etwas wie ein verbindendes, gemeinsames Ideal jenseits aller kontroversen Grabenkämpfe und Richtungsstreits, über das man nicht nur diskutieren kann, sondern für das man sich aus ganzem Herzen einsetzen möchte?

Angesichts massiver Glaubensabbrüche und Kirchenaustritte, oft das Ergebnis enttäuschter Hoffnungen und jahrzehntelanger Entfremdung, braucht die Kirche in unserem Land und in unserer Zeit eine feste, verbindliche Bezugsgröße und Operationsbasis, will sie dem eigenen Sendungsauftrag gerecht werden: ein konsensuales Kirchenverständnis, das Kontinuität und Identität gewährleistet und gleichzeitig vorwärts weist, das Flexibilität und Aktualität ermöglicht, wie es dem Auftrag zur Verkündigung und Evangelisierung geschuldet ist. Dialog ist ein Weg, aber um Ziel und Inhalte muss gerungen werden.

Was mag einen katholischen Christen, der von den Skandalen seiner Kirche zutiefst verunsichert und enttäuscht ist, davon abhalten, ihr den Rücken zu kehren und den eigenen Glauben, so er ihm nicht abhanden gekommen ist, heimat- und ortlos zu praktizieren? Oder worauf lässt derjenige sich ein, der gegen den Mainstream gängiger, z. T. auch ungerechtfertigt hämischer Kirchenkritik antritt, um sich in der Kirche und für sie zu engagieren? Und was erwartet denjenigen, der sich dem Ruf Gottes in aller Unübersichtlichkeit stellt und bereit ist, in seiner Kirche Verantwortung zu übernehmen? Womit muss etwa rechnen, wer morgen zum Priester geweiht wird, wenn er nach erfolgreichem theologischem Studium, pastoral ausgebildet und geistlich geformt, in eine der neuen Großraumgemeinden entsandt wird? Angesichts postmoderner Unsicherheiten und Unübersichtlichkeiten, vor denen auch eine Kirche in Raum und Zeit nicht gefeit ist, braucht es Orientierungspunkte und Momente der Vergewisserung. Aus der Kraft der Erinnerung an den Gründungs- und Sendungsauftrag zeichnen sich auch heute Perspektiven für den Weg in die Zukunft ab. Doch wohin führt der Weg der Kirche?

Kein Zweifel: Es sind *herrliche Aussichten*, jedenfalls, wenn man die Kirche selbst befragt und liest, was sie sich zuletzt auf dem Zweiten Vatikanischen Konzil unmissverständlich selbst zum Programm gemacht hat: *„Christus ist das Licht der Völker"*, so die große Perspektive, und der Kirche ist es aufgetragen, dieses Licht zu allen Völkern zu tragen, um *„alle Menschen durch seine Herrlichkeit, die auf dem Antlitz der Kirche widerscheint, zu erleuchten"*.[1] Wer es daher mit der Kirche zu tun bekommt, so die gewagte und zugleich großartige Perspektive, der kommt gleichsam mit Gott selbst in Berührung. Denn die Kirche ist nach ihrem eigenen Selbstverständnis *„Sakrament, das heißt Zeichen und Werkzeug für die innigste Vereinigung mit Gott wie für die Einheit der ganzen Menschheit" (LG 1).*

Ein faszinierendes Kirchenbild, das auch fünfzig Jahre nach Konzilsbeginn nichts von seiner Leuchtkraft verloren hat: Die Gemeinschaft der Gläubigen – gewissermaßen ein Leuchtkörper, der ausstrahlt und anziehend wirkt. Da mag es allerdings stören, dass sie im wirklichen Leben einiges an Leuchtkraft eingebüßt hat und von ihrer Attraktivität oftmals so wenig zu spüren ist. Im Blick auf den konkreten Alltag und die gewöhnliche Kirchenerfahrung verblasst alsbald der Kirchentraum kollektiver Erinnerung – *„Seht, wie sie einander lieben!“* (Joh 13,35) – zur manchmal enttäuschenden oder auch ärgerlichen Kirchenerfahrung. Machen wir Kirchenliebhaber uns also unnötig Druck mit überzogenen Forderungen und überfordernden Idealen? Oder laufen wir umgekehrt Gefahr, Auftrag und Anspruch Jesu allzu schnell auf das Mittelmaß menschlicher Begrenztheit herunterzubrechen? Schließlich haben wir es auch bei den Gliedern wie Repräsentanten der Kirche „nur“ mit Menschen zu tun.

Aber genau darum geht es. Denn wer nach dem Erscheinungsbild der Kirche fragt, fragt letztlich nach Personen. Wer steht dafür, dass jene lichtvolle Kirchenvision des Konzils nicht nur beseligende Schau bleibt, sondern Wirklichkeit wird? Wer ist bereit, Verantwortung zu übernehmen, damit die Kirche ihrem Auftrag und ihrer Sendung gerecht wird und das Licht Christi tatsächlich die Menschen unserer Tage erreicht? Es ist nur folgerichtig, dass sich das Konzil explizit an alle potenziellen Verantwortungsträger gewandt und sie um ihren je spezifischen Beitrag gebeten hat, damit jenes hehre Ziel einer ausstrahlenden und anziehenden Kirche erreicht wird: Laien[2], Ordenschristen[3], Priester[4], Bischöfe[5]. Doch es ist weniger die Strahlkraft einer ständisch gegliederten Kirche, wie sie über Jahrhunderte durchaus erfolgreich organisiert war, die hier zu leuchten und zu erwärmen vermag, sondern die Faszination des geeinten pilgernden Gottesvolkes, dem auch in der Nachkonzilszeit, getreu der alttestamentlichen Vorlage, eine mühevolle Wüstenwanderung mit Frustrations- und Regressionsgedanken nicht erspart geblieben ist. Und wie schon im Ersten Bund Gott den Zug seines oft müden und unwilligen Volkes begleitet hat, wechselweise Schutz und Schatten spendend im Bild der Wolke oder anfeuernd und wegweisend in Gestalt der Feuersäule, so ist Gottes Gegenwart auch dem Neuen Volk Gottes, der Kirche unserer Tage, gewiss. Es ist der auferstandene Herr inmitten der Gemeinde, der an seinem Leben Anteil gibt in Wort und Sakrament und in der Einheit der Seinen aufleuchtet, und seien es auch nur *„zwei oder drei“* (Mt 18,20), zum Zeugnis für die Welt (vgl. Joh 17,21). Es versteht sich von selbst, dass dies nicht per Dekret oder durch einen Verwaltungsakt erfolgen kann, sondern nur auf dem anspruchsvollen Weg personaler Vermittlung, durch Vorbild und Zeugnis. So liegt es maßgeblich an uns, den einzelnen Gläubigen selbst wie an der Gemeinde als ganzer, dass wir uns in unseren vielfältigen Bezügen und Verflechtungen, *„von der Liebe geleitet, an die Wahrheit halten und in allem wachsen, bis wir ihn, Christus, erreicht haben ... Durch ihn wird der ganze Leib zusammengefügt und gefestigt in jedem einzelnen Gelenk. Jedes trägt mit der Kraft, die ihm zugemessen ist. So wächst der Leib und wird in Liebe aufgebaut"* (Eph 4,15f.).

Gemeindeaufbau ist also angesagt, aber nach welchem Bauplan und welchem Grundriss? Es legt sich nahe, jene Architekten und Baumeister der erste Stunde der Kirche zu befragen, wie sie sich den Bau der Kirche vorgestellt und wofür sie sich eingesetzt haben. Ein mutiger Entwurf findet sich bei Paulus, dem ersten großen Theologen der Kirche, der sich zugleich genötigt sah, seine Gemeindetheologie in der missionarischen Praxis, der Gründung von Gemeinden, mithin im konkreten Vollzug zu erproben und zu verifizieren. Ein Grundstein, auf den alle nachfolgenden Generationen aufbauen können. Die Grundzüge paulinischen Kirchenverständnisses lassen sich exemplarisch in seiner Auseinandersetzung mit der Gemeinde in Korinth erkennen, einer nicht in jeder Hinsicht pflegeleichten Gemeinde: eine gute Gelegenheit, sie mit der Kirchenerfahrung in der Gegenwart zu kontrastieren, um daraus eine Perspektive für die Zukunft zu gewinnen.

I. Kirche als Spiegelbild – gotterfüllt und ausstrahlend *Oder: Was wir von Moses Abstieg lernen können*

Unter den vielen Kirchenbildern im Neuen Testament trägt jenes vom „Spiegelbild" vielleicht am deutlichsten die Handschrift des Paulus. Von innergemeindlichen Gegnern bedrängt, ist er herausgefordert, über sich selbst, sein Selbstverständnis als Apostel und in eins damit über sein Kirchenideal Rechenschaft abzugeben. Sein Credo: *„Wir alle spiegeln mit enthülltem Gesicht* *die Herrlichkeit des Herrn wider und werden so in sein eigenes Bild verwandelt, von Herrlichkeit zu Herrlichkeit*" (2 Kor 3,18).[6]

1. Mose – Gotteserfahrung und Ausstrahlung

Damit knüpft Paulus explizit an jene alttestamentliche Gottesoffenbarung an, die im Buch Exodus beschrieben wird: an das leuchtende Gesicht des Mose, der vom Berg Gottes hinabsteigt (vgl. Ex 34,28-35). Auch Mose hat es auf jener ermüdenden und frustrierenden Wüstenwanderung mit einer wahrlich störrischen Gemeinde zu tun, und deren ungeistliche Sehnsucht nach den Fleischtöpfen Ägyptens bringt ihn schier zur Verzweiflung. Doch selbst am Tiefpunkt ihrer Entfremdung von Gott, die im Tanz um das Goldene Kalb ihren sinnenfälligen Ausdruck findet, distanziert er sich nicht von seinem Volk. Vielmehr sucht er an diesem Tiefpunkt umso intensiver die Nähe Gottes und findet gerade in der größten Krise zur tiefsten Vertrautheit mit ihm, wie der Chronist lapidar feststellt: „*Der Herr und Mose redeten miteinander Auge in Auge, wie Menschen miteinander reden*" (Ex 33,11).
Doch auch ein Mann wie Mose ist nicht unbegrenzt belastbar; auch er braucht Bestätigung und Bestärkung, ein Zeichen, an das man sich halten und worauf man sich stützen kann: „*Lass mich doch deine Herrlichkeit sehen*" (Ex 33,18)[7] – eine Bitte, der Gott unmittelbar Erfüllung schenkt: „*Ich will meine ganze Schönheit vor dir vorüberziehen lassen*" (Ex 33,19). Mose darf überdies auf Tafeln festhalten, was er in jener Unmittelbarkeit, zu der Gott ihn auf den Berg Sinai ruft, erfahren wird. So steigt Mose denn auf zu seinem Gott und darf auf jenem Berg, eingetaucht in die Wolke der Gottesgegenwart, sein Angesicht schauen. Ein Erlebnis, das sich – wie sich vorstellen lässt – unauslöschlich in seine Seele eingeprägt hat und sich in seinem ganzen Wesen widerspiegelt. Dass die Gottesbegegnung ihn von Grund auf verändert hat, ist auch äußerlich unübersehbar. „*Während Mose vom Berg hinunterstieg, wusste er nicht, dass die Haut seines Gesichtes Licht ausstrahlte, weil er mit dem Herrn geredet hatte*" (Ex 34,29b). Die Erfahrung unmittelbarer Got-

tesnähe auf dem Berg wird von Mose hinabgetragen, hineingetragen in sein Volk, das so weit von Gott entfernt ist, dass es das Leuchten des Propheten, seine Ausstrahlung, kaum erträgt. Gotteserfahrung, das muss auch Mose einsehen, ist in ihrer Intensität und Intimität nicht mitteilbar, und so sieht er sich genötigt, das Leuchten Gottes für sich zu behalten und sein Gesicht mit einem Schleier zu verhüllen.

2. Paulus – geistliche Autorität und Berufung zur Heiligkeit

Es liegt nahe, die Skizzierung der geistlichen Führerschaft des Mose in Analogie zu setzen zum prophetisch-priesterlichen Dienst im Neuen Bund, insbesondere zum Verhältnis von Dienstpriestertum und königlichem Priestertum. Auch da gibt es denjenigen, der geistlich Führung übernehmen muss, alles andere als ein Grund zu überheblicher Selbstzufriedenheit. Jenes Amt verpflichtet vielmehr, je neu die größere Nähe und Vertrautheit mit Gott zu suchen, die je „größere Liebe" (vgl. Joh 21,15ff), und spornt zur persönlichen Heiligkeit an, umso mehr in Zeiten kollektiver Anfechtung, Verunsicherung und Verflachung.
Doch die alttestamentliche Theophanie lässt sich nicht bruchlos auf das Amtsverständnis und Gemeindebild des Paulus übertragen. Paulus versteht sich nicht einfach als der neue Mose, als strahlender Führer des neuen Gottesvolkes, der Licht in das Dunkel seiner Gemeinde bringt. Er verwendet hier betont den Plural „*wir alle*" und verweist damit auf die Gemeinde in Korinth und weit darüber hinaus. „*Wir alle*" spiegeln, jedenfalls idealtypisch, die Herrlichkeit des Herrn wider: „Wir", das ist die Gemeinschaft der Gläubigen, damals in Korinth und heute in den kirchlichen Gemeinden und Gemeinschaften. „*Wir alle*" haben unmittelbar Zugang zu Gott und sind gleichsam mit Christus auf den Berg der Gotteserkenntnis und Gottunmittelbarkeit hinaufgestiegen, auf den Tabor der Gottesgegenwärtigkeit, so dass sich der Widerschein des göttlichen Glanzes auch auf unseren Gesichtern findet.

Oder um das Bild noch weiter zu strapazieren: Der Berg hat sich gleichsam herabgebeugt, Gott bleibt nicht in seiner Erhabenheit, sondern ist selbst zu uns ins Lager hinabgestiegen. *„Der Einzige, der Gott ist und am Herzen des Vaters ruht, er hat Kunde gebracht"* (Joh 1,18). Das feiern wir an Weihnachten, und daraus leben wir jeden Tag. Diese Einsicht vom Eintauchen Gottes in unser Menschsein bringt die über Jahrhunderte bewährte schiedliche Aufteilung der Sphären von Gott und Mensch im Weltenbau unwiderruflich zum Einsturz. Der Himmel ist eben nicht, wie der Psalmist noch glauben macht, *„der Himmel des Herrn; die Erde aber gab er den Menschen"* (Ps 115,16). Mit der Inkarnation geht Gott dem Menschen gewissermaßen unter die Haut. Und man muss nicht, wie Chrysostomos einmal formuliert, Berge ersteigen und Wüsteneien aufsuchen, um seiner ansichtig zu werden und gewärtig zu sein. Es ist möglich, im Hier und Jetzt, in dem Alltäglichen und Gewöhnlichen in der Gotteswirklichkeit zu leben. Jesus selbst hat uns dazu den Weg gewiesen.

3. Christus – Lebenshingabe für die Seinen und Lebensstil der Jünger

In Christus wurde Gott uns Menschen gleich, wie es im Philipper-Hymnus heißt (vgl. Phil 2,5-11), und sein Abstieg zu uns macht nicht im Palast des Herodes, sozusagen in der *upper class* der Gesellschaft, halt, im gepflegten Ambiente kultivierter Zivilisation und wohldistinguierter Höflichkeit. So unverständlich es sein mag – und in den Augen mancher auch unanständig: Gott geht bis in den Schafstall vor die Tore der Gesellschaft und bis in die Gosse der Menschheit hinein, bis in die Schmach und Schande am Kreuz, bis in die äußerste Gottverlassenheit, da Christus, eins mit dem Vater, die ganze Not der Gottesfinsternis durchleidet und durchliebt. In der Perspektive des Johannesevangeliums ist dies keineswegs ein Ausrutscher, ein dunkler Fleck in der Vita des absteigenden Gottessohnes, woran ja der eifernd-verblendete Saulus so Anstoß genommen hat, sondern im Gegenteil Vollendung: die Stunde der Verherrlichung, de-

rentwegen er in die Welt gekommen ist: *„Die Stunde ist gekommen, dass der Menschensohn verherrlicht wird."* (Joh 12,23)
Die Stunde, die Jesus die „seine" nennt und auf die alles zuläuft, ist nicht blindes Schicksal, sondern die bewusst gewählte Zielperspektive der Lebensübergabe „für die Seinen", die ihm alles abverlangt. Und zugleich verdichtet sich gerade hier die Weggemeinschaft mit seinen Jüngern zur *sakramentalen Bruderschaft* (PO)[8]. Sie wird die Geburtsstunde der Kirche: im Abendmahlssaal und auf andere Weise unter dem Kreuz (vgl. Joh 13,1-14,31; 19,25-30). Voraussetzung hierfür ist die Liebe: eine Liebe, die bis ans Kreuz geht; die den anderen die Füße wäscht – eine Liebe, die zur Erwiderung und zur Gegenseitigkeit herausfordert: Lieben *„bis zur Vollendung"* (Joh 13,1).
Wo die Synoptiker die Einsetzung der Eucharistie berichten, steht bei Johannes paränetisch die Fußwaschung: sozusagen die Eintrittskarte – auch für die Jünger! – in den Abendmahlssaal, in *„seine Stunde"*. Das ist der Ort und die Stunde, in der die Herrlichkeit des Vaters offenbar wird. *„Ich habe ihnen die Herrlichkeit gegeben, die du mir gegeben hast"*, so betet Jesus im Angesicht der Jünger, *„denn sie sollen eins sein, wie wir eins sind"* (Joh 17,22). Der Moment größter Verlassenheit wenig später am Kreuz (vgl. Mt 26,47) ist zugleich Ausdruck der größten Liebe Gottes, und es bleibt das Mysterium des fleischgewordenen Gottes, dass die Stunde der Verherrlichung gerade vom Kreuz her wächst. Aufscheinende Herrlichkeit und Einheit der Jünger, der Kirche, sind konstitutiv aufeinander bezogen. Diese Einheit der Jünger, gestiftet und erbetet von Christus selbst, ist der Raum, wo die Herrlichkeit Gottes aufscheint. Kirche, so in der Konsequenz des Gedankens, ist mithin der Lebensraum all jener, die *„mit enthülltem Gesicht"* in Gottunmittelbarkeit leben: persönlich und gemeinsam. Denn das Gott gegenüber enthüllte Gesicht ist kein anderes als jenes, das auch dem Bruder, der Schwester zugewandt wird. So schauen die Christen auch einander in das enthüllte, Gottes Herrlichkeit widerscheinende Gesicht und werden so tiefer und tiefer in das Bild Christi verwandelt, *„von Herrlichkeit zu Herrlichkeit"*.

4. Kirche – Ikone der Dreifaltigkeit und Lebensraum in Begrenztheit

Gottes Herrlichkeit widerspiegeln ist also ein äußerst dynamischer Vorgang und keinesfalls eine rein mechanische Angelegenheit, bei der der Mensch unbeteiligt außen vor bleibt.[9] Denn die Herrlichkeit Gottes ist in sich selbst ein relationaler Vorgang, *perichoretisches* Im-Andern-Sein der dreifaltige Liebe Gottes. In dieser Dynamik der Liebe findet sich auch die christliche Gemeinde – idealtypisch jedenfalls – vor, dazu herausgefordert, jene Liebe Gottes aufzufangen, mitzuleben und in den Dimensionen von Raum und Zeit widerzuspiegeln. Darum geht es in der Kirche. Wie das geht, hat Jesus in johanneischer Diktion auf die Formel gebracht: *„Wie mich der Vater geliebt hat, so habe auch ich euch geliebt. Bleibt in meiner Liebe!"* (Joh 15,20).
Dies mag als Hinweis genügen, mehr schon eine Steilvorlage, um anzudeuten, was in paulinischer Perspektive Auftrag und Bestimmung der Kirche ist. Sie ist gewissermaßen ein kollektiver und interaktiver Sonnenreflektor, der das göttliche Licht auffängt und im Miteinander spiegelt. Gewiss: eine Vision, ein Wunschtraum, ein Ideal, das herausfordert und wohl auch überfordert, an dem es aber gleichwohl Maß zu nehmen gilt für den kirchlichen Erneuerungsprozess. So möchte Kirche sein, so sollte sie sein: die Herrlichkeit Gottes auffangen, sich von der göttlichen Wirklichkeit durchdringen lassen, die sich gleichsam von selbst wie ein Glanz auf das Gesicht des Einzelnen wie der Kirche als ganzer legt. Kirche als *„eine ‚Ikone' der Dreifaltigkeit"*[10]: Zeichen, das sakramental vergegenwärtigt, was im Bild dargestellt wird.
Aber wie lebt Gemeinde, wo leben Christen so, dass dieses Leuchten gleichsam ihr Markenzeichen, ihr Erkennungsbild und Identitätsausweis wäre? Wo ist etwas von dem Aufleuchten der Gegenwart Gottes unter den Menschen zu spüren, jenes Feuer der Begeisterung, das sich aus der geistgeführten Gottesbegegnung nährt, das ansteckend wirkt und jeden und alles einbezieht in jenes göttliche Spiel gegenseitiger Annahme, Wertschätzung, Liebe? Macht nicht jeder in seiner gläubigen Existenz neben lichten Momenten auch Dunkelheiten durch? Erlebt

die Kirche insbesondere in Westeuropa derzeit nicht eher einen schmerzhaften Prozess der Verhüllung, wo mehr von Ab- und Umbrüchen denn von ihrer Attraktivität und der Faszination der christlichen Botschaft die Rede ist? Ist uns das Strahlen und Lächeln angesichts des gesellschaftlichen Bedeutungsverlusts der Kirche, schmerzhaft peinlicher Enthüllungen ihres Führungspersonals und verletzender inner- und zwischenkirchlicher Diskreditierungen nicht schon längst gründlich vergangen?

Ähnliche Fragen und Infragestellungen musste sich schon Paulus gefallen lassen. Da mag gerade vor dem Hintergrund der persönlichen Erfahrung von Schwachheit und Begrenztheit seine Argumentation überraschen, dass die göttliche Herrlichkeit gerade dort zum Durchbruch kommt, wo wir Menschen in der Prüfung, in der Begegnung mit dem Gekreuzigten und Verlassenen diesen Aufblick zum Herrn wagen: *„Denn die kleine Last unserer gegenwärtigen Not schafft uns in maßlosem Übermaß ein ewiges Gewicht an Herrlichkeit"* (2 Kor 4,17).[11] Eine steile These, gewachsen wohl aus leidvoller Erfahrung, von der Paulus ebenfalls in diesen Kapiteln schreibt: Not wirkt – „produziert" gewissermaßen, griech. *„katergázzetai"* – Herrlichkeit. Der Durchbruch der Herrlichkeit Gottes ist nicht, wie man meinen könnte, die Belohnung für ein durch und durch strahlendes Erscheinungsbild, für geordnete Verhältnisse, die Krone für ein gelungenes spirituelles Leben oder sichtbare pastorale Erfolge. Gerade in all dem, was nicht glatt und nicht rund läuft, was verquer und sperrig ist, kann Gott mit seiner Herrschaft aufleuchten – muss es allerdings nicht notwendig. Es hat den Anschein, als mache Paulus hier bei den Seligpreisungen Anleihe, wo mitten in den Bedrängnissen und Kümmernissen etwas von jenem *„selig"* derer aufleuchtet, die in all dem Bedrückenden und Bedrängenden auf Gott, seine Herrschaft, seine Vergebung, seine größere Liebe setzen. So ist auch für Paulus Christsein nicht mit einem oberflächlichen, immer-fröhlichen Halleluja-Feeling zu verwechseln, und auch der Amtsträger in ihr muss keineswegs zum Komödianten oder Entertainer degenerieren, frei nach Franz Lehar: *„Immer nur lächeln!"*[12]

Die gegenwärtige Not *„wirkt"* Herrlichkeit, und dies sogar *„im*

Übermaß", vielleicht weil wir gerade in bedrängter Zeit intensiver nach dem Antlitz Gottes suchen und nach seinem Willen fragen. Der frühere Aachener Bischof Hemmerle hatte es kurz vor seinem Tod, schon gezeichnet von seiner schweren Krankheit, auf die existentiell bewährte Formel gebracht: *„Die Nacht wird immer dichter, der Herr kommt immer näher"*.[13] Dieses intime Gottesleuchten im eigenen Herzen, das doch die äußere Finsternis nicht einfach ungeschehen macht noch ignorieren kann, so Paulus, vermag sich sogar da Bahn zu brechen, wo es aus der Dunkelheit und Trockenheit geboren wird: *„Denn Gott, der sprach, aus Finsternis soll Licht aufleuchten, er ist in unseren Herzen aufgeleuchtet, damit wir erleuchtet werden zur Erkenntnis des göttlichen Glanzes auf dem Antlitz Christi.*" (2 Kor 4,6)

II. Herrlichkeit in Schwachheit – in zerbrechlichen Gefässen *Oder: Was uns Elijas Aufstieg lehren sollte*

Was für eine Perspektive! Inmitten aller Aussichtslosigkeit und Unübersichtlichkeit in unserer gegenwärtigen Glaubenslandschaft und entgegen dem subjektiven Gefühl von Uneindeutigkeit und Verworrenheit wird, *„sobald sich einer dem Herrn zuwendet*" (2 Kor 1,16), das „Licht" Christi in ihn eindringen und ihn innerlich so durchdringen, dass er die Welt im Licht der Wirklichkeit Gottes sehen und verstehen kann. Wenn Finsternis und leidvolle Mühe also keine Gegenindikatoren für Gottes Herrlichkeit sind und damit Auskunft über Erfolg oder Misserfolg unserer persönlichen wie pastoralen Bemühungen geben, dann dürfte es auch leichter fallen, von unserem Schatz der Gotteserkenntnis, der Gotteserfahrung und Gottesbeziehung auch unter dem Eindruck der eigenen, mitunter gedrückten und bedrückenden Kirchenerfahrung zu sprechen: jenem Schatz, der unser je persönliches wie kirchliches Leben beseelt und uns auch in schwieriger Zeit durchtragen lässt. Gleichwohl: *„Diesen Schatz*", so Paulus, *„tragen wir in zerbrechlichen Gefäßen*" (2 Kor 4,7), und wir tun gut daran, auch weiterhin der eigenen Fragilität und des damit verbundenen Risikos eingedenk zu sein, das Gott damit eingeht, wenn er uns dennoch mit dem *„Licht aus der Höhe"* besucht und uns mit der *„Kraft des Geistes"* ausstattet.

1. Mentalität des Rückzugs und die Erfahrung der Zerbrechlichkeit

Was also sind unsere „zerbrechlichen Gefäße", die dunklen Seiten und die Schwachpunkte, die wir als Kirche in unseren Tagen zu gewärtigen haben und derer wir uns doch nicht zu schämen brauchen, eben weil sie jenen unverlierbaren Schatz der Gottesanwesenheit, den Glanz seiner Gegenwart auch im Dunkel der Zeit enthalten. Einige Andeutungen mögen genügen.

Die Kirche der Gegenwart befindet sich, jedenfalls in Westeuropa, in einem tiefgreifenden Umbruch, einer Transformationskrise. Es schmerzt und verunsichert, sich von dem wohlvertrauten und liebgewordenen Bild der Kirche verabschieden zu müssen, wenn zugleich die neue Gestalt der Kirche nur verschwommen und in Ansätzen sichtbar ist. Repräsentative Umfragen um die Jahrtausendwende waren noch vergleichsweise freundlich, wenn immerhin warnend festgestellt wurde, dass die Einstellungen der Katholiken ihrer eigenen Kirche gegenüber derzeit *„im Wesentlichen geprägt [sind] von einer wohlwollend-skeptischen Grundhaltung, aber auch von verbreiteter Gleichgültigkeit und Desinteresse"*.[14] Dieser Trend hat sich seitdem nicht nur bestätigt, sondern wurde durch die Entwicklung angesichts der schweren Kirchenkrise der letzten Jahre noch überholt.[15]

Und die Reaktion? Gab es ein Aufbäumen, den Versuch einer konzertierten Aktion, um den Negativtrend umzudrehen? Was andernorts vielleicht als Herausforderung begriffen würde – hierzulande drückt der Befund eher auf die Stimmung und führt zu Lähmungserscheinungen.

Das scheint auch die jüngste, von der Deutschen Bischofskonferenz in Auftrag gegebene Studie zur Situation des Katholizismus in Deutschland zu bestätigen, *„dass durch alle Milieus hin-*

durch eine kritische Sicht auf die katholische Kirche vorherrschend ist und alle Milieus das Gefühl haben, dass die Kirche nicht in der Zeit heute angekommen ist", so Georg Frericks, Projektleiter der Studie.[16] Die Erhebung, bei der repräsentative Gruppen aus den sog. Sinus-Milieus befragt wurden, differenziert nach deren je unterschiedlichen ökonomischen Möglichkeiten, aber auch den jeweils vorherrschenden Grundorientierungen wie Traditionsverwurzelung, Statusdenken, Pragmatismus oder Selbstverwirklichung, und kommt dabei zu dem Schluss, dass es in Deutschland *„kein einziges kirchenidentifiziertes Milieu"* (Calmbach) mehr gebe. Für den Freiburger Religionssoziologen Michael Ebertz, einen der Berater der Studie, kommt damit die Möglichkeit zum Ausdruck, *„dass die katholische Kirche in Deutschland kollabieren könnte – weniger durch massive Kirchenaustritte als durch wachsende Irrelevanz und Selbstbeschädigung"*.[17]
So schwindet mit der Veränderung der Sozialgestalt der Kirche (über Konfessionsgrenzen hinweg) auch die Identifikation der Gläubigen mit ihrer Kirche. Das Bewusstsein, mittlerweile eine Minderheit zu repräsentieren (auch in der eigenen Kirche!) und nicht mehr zum Mainstream in unserer Gesellschaft zu gehören, hat weitreichende Folgen für das Denken, Empfinden und Verhalten der Gläubigen. Denn auch wer sich nicht der Mehrheitsbewegung anschließt, sich nicht von Kirche und Glauben verabschiedet, neigt doch eher dazu, seinen Glauben im Privaten oder im Schutz der kleinen Gruppe zu praktizieren. Es entwickelt sich mit der Zeit eine Diaspora-Mentalität des Rückzugs und der Selbstgenügsamkeit, und es fehlt den Gläubigen wie der Kirche insgesamt an Überzeugungswillen und Offensivkraft, kurz: an missionarischem Geist und Bewusstsein: *„Unserer katholischen Kirche in Deutschland fehlt etwas. Es ist nicht das Geld. Es sind auch nicht die Gläubigen. Unserer katholischen Kirche in Deutschland fehlt die Überzeugung, neue Christen gewinnen zu können. Das ist ihr derzeit schwerster Mangel."*[18]
Aber es fehlt auch an Geld und auch an den Gläubigen, und dieser Rückgang ist nicht nur der demographischen Entwicklung und der beständig hohen Zahl von Kirchenaustritten geschuldet[19]. Eine der Hauptursachen, so Michael Ebertz schon

vor Jahren, ist die Entwicklung vieler Kirchengemeinden hin zu *„Segmenten einer partikularen Alters- und Bildungskultur“*.[20] Die Frage ist bedrängend: Wie kann die Kirche in einer postmodernen, indifferenten, synkretistischen und doch zugleich allem Religiösen aufgeschlossenen Gesellschaft neu an Format gewinnen und entsprechend ihrem Auftrag wieder Leuchtkraft entwickeln? Oft ist man im Gegenteil vom Gefühl des Abwärtstrends so überwältigt, dass man sich vorwiegend selbst bemitleidet oder sich in selbstzerstörerischen Richtungskämpfen ergeht. Das aber bindet unnötig Energien im Binnenraum und geht zu Lasten der notwendigen Auseinandersetzung und des Dialogs mit den gesellschaftlichen und weltanschaulichen Kräften. Wer verbissen mit sich selbst beschäftigt ist, wirkt nicht gerade einladend, und der lediglich verbale Willkommensgruß ist sicher gut gemeint, erscheint jedoch als wenig glaubwürdig.
Das spüren vor allem junge Leute. In manchen Gegenden nimmt gerade einmal ein Prozent der jüngeren Generation regelmäßig am Sonntagsgottesdienst der Gemeinde teil.[21] Man mag sich damit beruhigen, dass nach Auskunft der Jugendverbände die Einbindung von Kindern und Jugendlichen in die kirchliche Jugendarbeit weitaus höher ist.[22] Doch heißt das nicht im Umkehrschluss, dass, wer sich in der kirchlichen Jugendarbeit engagiert, darüber nicht unbedingt den (regelmäßigen) Weg zur sonntäglichen Feier des Glaubens findet? Das sollte zu denken geben: im Blick auf die inhaltliche Ausrichtung der Jugendpastoral, aber auch der liturgischen Gestalt der Gemeindegottesdienste. Und man wird darüber nachdenken müssen, was jene Entwicklung für eine Berufungspastoral bedeutet, die (möglicherweise unreflektiert) als Zielgruppe doch vornehmlich jene marginale Größe der kirchlich (noch) praktizierenden Jugendlichen im Visier hat.
Das Gefühl, gegenüber dem gesellschaftlichen Trend in der Defensive zu sein, drückt sich vielleicht am signifikantesten im Rückgang der Priesterberufe aus. Eine skeptisch-resignative Grundstimmung ist nicht gerade der Nährboden für geistliche Berufe.[23] Der zahlenmäßige Rückgang führt nicht nur zu psychologischen, pädagogischen und administrativen Problemen kleiner Kommunitäten in den großen Ausbildungshäusern.

Manch ein Verantwortungsträger mag angesichts der geringen Bewerberzahl die Versuchung in sich spüren, das Anforderungsprofil der zukünftigen Priester herabzusetzen und bereitwilliger auch weniger geeignete Kandidaten aufzunehmen bzw. zur Weihe zuzulassen. Und das Gefühl bei dem Einzelnen, zu den „letzten Aufrechten" zu gehören, auf die der Bischof erst recht nicht verzichten kann, ist für die jugendliche Seele so manches Priesterkandidaten auch nicht gerade entwicklungsfördernd. Mit der sinkenden Zahl der Neupriester[24] steigt das Durchschnittsalter der Priester, und die Schere zwischen den neugeweihten und den ausscheidenden Priestern geht von Jahr zu Jahr weiter auseinander. Da mag ein sog. „Priesterimport" aus anderen Ländern verlockend sein und unter dem Aspekt der weltkirchlichen Variante der zunehmenden Globalisierung vielleicht auch geboten erscheinen.[25] Warum sollten die früheren „Missionsländer", in Glauben und Berufung mittlerweile reich und fruchtbar geworden, nicht auch ihrerseits im Gegenzug Missionare in die welk gewordenen Ortskirchen Nordamerikas und Westeuropas senden? Für diese einst reichen und selbstbewussten Kirchen eine vielleicht wichtige Lektion und zugleich bereichernde Herausforderung, das demütige Empfangen neu zu lernen. Doch das strukturelle Problem der Unfruchtbarkeit an geistlichen Berufen der Kirche hierzulande wird, so die Vermutung, damit wohl kaum gelöst werden. Die Kurve des Priestermangels ist vielleicht am auffälligsten, kann aber (leider) nicht isoliert betrachtet werden. Denn auch der Rückgang der kirchlichen Trauungen in den deutschen Bistümern ist nicht minder dramatisch.[26] Der Hinweis auf die sog. „Alterspyramide", dass sich hinter dem Abwärtstrend auch ein demographischer Faktor verbirgt, ist in dieser Hinsicht auch kein wirklicher Trost. Ähnliches ließe sich von der Zahlenentwicklung in den Ordensgemeinschaften sagen.[27] Angesichts der geringen kirchlichen Bindung Jugendlicher mag man sich über den Rückgang der Priesterberufungen und Ordenseintritte, aber auch der kirchlichen Trauungen nicht weiter wundern. Ein Alarmsignal sind sie allemal.

2. Gestaltwandel der Kirche und Erfahrung von Schwachheit

Der ungleichzeitige Abbruch milieugestützter Frömmigkeit und volkskirchlicher Strukturen führt zu einem notwendigen, aber schmerzhaften Prozess des Strukturwandels in unseren Gemeinden und Diözesen hin zu größeren pastoralen Räumen. Die zurückgehenden Priesterzahlen sind zwar Anlass für Veränderungen in den Bistümern. Die eigentliche Begründung für kirchlichen Handlungsbedarf ist freilich der veränderte soziokulturelle Kontext unserer gegenwärtigen Situation. Die Unübersichtlichkeit und Veränderungen verunsichern und überfordern viele Menschen und auch die Seelsorger; all das zehrt an unseren Kräften und an unseren Nerven.

Doch was sich – mühsam genug – in Amtsblättern, in Dekreten und Erlassen umstrukturieren lässt, stellt für die betroffenen Gemeinden und allen voran für ihre Seelsorger und Mitarbeiter/-innen eine riesige Herausforderung dar. Nach jahrzehntelangen Absetzbewegungen muss die „Tochtergemeinde" wieder zurück zur „Mutterpfarrei". Auf Selbständigkeit und Abgrenzung bedachte Dörfer sollen plötzlich miteinander kooperieren und ihre oft über Jahrzehnte und Jahrhunderte gepflegte (nicht gerade christliche) gegenseitige Abneigung überwinden. Gläubige sollen auf ihre Osternacht in der eigenen Pfarrkirche verzichten und in die Nachbargemeinde ziehen ... Gemeindeglieder, die vielleicht noch beim Kirchbau mit Hand angelegt oder unter großen Opfern für „ihre" Kirche gespendet haben, müssen miterleben, wie diese nun geschlossen, verkauft, abgerissen wird. All das sind Wunden, die schmerzen und nicht mit einem frommen Trostwort zu schließen sind. Die Hauptlast dieses Veränderungsprozesses tragen die Priester: nicht nur der Umorganisation des Gemeindelebens, sondern auch in der Repräsentation dieses Wandels gegenüber Gläubigen und Gemeinden, und sie sind es, die in erster Linie für die Akzeptanz und das aktive Mitgestalten dieses Veränderungsprozesses werben müssen.

Doch das ist „nur" die operative Ebene. Tiefgreifender und nachhaltiger ist der Konflikt mit dem eigenen Seelsorgeideal,

der sich (allzu) leicht auch auf die Auseinandersetzung mit den kirchlichen Vorgesetzten oder einfach „dem System" projizieren lässt. Manch einer fragt sich nach jahrzehntelangem Bemühen und pastoralem Einsatz mit „fortlaufendem" Erfolg: *„Wofür bin ich eigentlich als Priester einmal angetreten, und was ist aus meinen Idealen geworden?"* Vieles ist vielleicht auf der Strecke geblieben, manches durch eigenes Verschulden, manches aber auch durch strukturelle Verunmöglichung. Es ist der innere Konflikt mit den eigenen Idealen und Berufungsintuitionen: dem Kirchenbild, mit dem man aufgewachsen ist, der Kirchenerfahrung, die an der eigenen Berufungsintuition Pate gestanden und die für den eigenen priesterlichen Dienst prägend geworden ist. Doch es wird keine Rückkehr zu den pastoralen Verhältnissen vor dem Konzil bzw. gar in die 30er oder 40er Jahre des vergangenen Jahrhunderts geben. Entscheidend ist, eine positive innere Einstellung zur gegenwärtigen Gestalt priesterlichen Dienstes zu gewinnen und die Ursprungsintuition der eigenen Berufung in der gegenwärtig möglichen Ausgestaltung des Priesterseins wiederzufinden.
Der (angehende) Priester steht heute mithin in einer notwendigen existentiellen und auch intellektuellen Auseinandersetzung mit sich selbst, dem je individuell geformten Priesterideal und den das eigenen Berufsethos prägenden Voraussetzungen.
Und mitten in dieser mühseligen Phase trifft die deutschen Diözesen – für manche überraschend und mit Wucht – die ungewohnte Erfahrung, dass ihnen gerade in dieser prekären Situation das Geld ausgeht und aufgrund des demographisch bedingten Rückgangs beim Kirchensteueraufkommen wichtige pastorale Projekte und Personen nicht mehr bezahlt werden können. Der finanzielle Einbruch, der viele Diözesen im Würgegriff hat und innerhalb weniger Jahre zu massiven Einschnitten und Abbrüchen führt, absorbiert allzu oft den seelsorglichen Elan und führt statt zu missionarischer Aufbruchsstimmung je nach Stimmungslage zu kollektiver Depression, binnenkirchlicher Aggression oder innerer oder auch äußerer Emigration. Kein Wunder, dass von dem „Leuchten" auf dem Gesicht der Kirche in unserem Land oft wenig zu spüren ist!
Um handlungsfähig zu bleiben, müssen notwendige Sofort-

maßnahmen eingeleitet werden. Pastoralpläne werden angepasst, seelsorgliche Räume neu umschrieben, Haushalte konsolidiert. Insgesamt schmerzvolle Einschnitte. Doch jenseits der administrativen und strukturellen Maßnahmen, die notgedrungen systemimmanent ansetzen, geht es um Grundsätzliches: Warum verliert Kirche an Anziehungskraft? Warum kommt der Glaube nicht (mehr) an? Liegt es an uns, den zerbrechlichen Gefäßen? Je mehr Fragen gestellt werden, desto mehr Antworten und Erklärungsversuche werden angeboten. Und weil irgendwie alles mit allem zusammenhängt, sitzen wir letztlich in der Komplexitätsfalle und sichten und kommentieren (als besserwisserische „Kirchenkritiker") die Fülle an Daten, Erkenntnissen, Vorschlägen, bis wir letzten Endes erschöpft und ratlos die Hände lethargisch in den Schoß legen.
Die Liste ließe sich fortsetzen. Dazu kommen noch all die selbstproduzierten Eigentore und unerleuchteten Aktionen, wo wir uns gegenseitig das Leben schwer machen und in verschiedene Richtungen ziehen, anstatt uns auf ein gemeinsames Ziel zu verständigen und das mit aller konzertierter Kraft anzustreben. Stattdessen verharren wir oft bei einer defensiven Grundausrichtung, wo es um Abwehrschlachten und Verteidigungsstellungen geht, aber es fehlt darin der Same der Zukunft, es fehlt an Leucht- und Offensivkraft. Da ist es nur scheinbar entlastend, dass vieles von dem, was heute vor Ort schmerzvoll wahrgenommen wird, seine Ursache in weit entfernten oder lange zurückliegenden Vorgängen und Entscheidungen hat. Doch das mindert nicht die Herausforderung, vor der die Kirche heute steht.

3. Demütiges Volk und die Herrlichkeit des Auferstandenen

Den *„Schatz unseres Glaubens"* tragen wir als Kirche derzeit in äußerst *„zerbrechlichen Gefäßen"*. Der Rekurs auf jene paulinische Vorlage mag in den Ohren dessen, der sich in dem Strudel all der negativen Nachrichten befindet, wenig tröstlich klingen. Der Grat zwischen verdrängender Spiritualisierung und spiritueller Durchdringung ist in der Tat schmal, und in all dem mag man sich fragen, warum Gott den Schatz seiner Herrlichkeit gerade uns fehlbaren, begrenzten, sündigen Menschen anvertraut: eben sehr *„zerbrechlichen Gefäßen"*. Hätte er nicht einen besseren Weg, eine sicherere Methode erfinden können, um das Aufscheinen seiner Herrlichkeit unter den Menschen zu gewährleisten, als sich ausgerechnet uns wankelmütigen, schwachen Menschen anzuvertrauen?

Vielleicht sind wir gar nicht so weit von dem entfernt, was Gott seinem Volk durch den Propheten Zefanja in bedrängter Zeit zusichert: *„Ich lasse in deiner Mitte übrig ein demütiges und armes Volk, das Zuflucht sucht beim Namen des Herrn"* (Zef 3,12). Jenem gebeutelten, arg dezimierten Gottesvolk, das nach dem babylonischen Exil wieder bei Null anfangen und sich erneut in Jerusalem, jener unbewohnbaren und unbefestigten Stadt, niederlassen muss, gilt die Zusage: *„Der Herr, dein Gott, ist in deiner Mitte!"* (Zef 3,17). Das löst zwar nicht die Probleme des Alltags und mindert nicht die Last des Gewaltaktes des Wiederaufbaus, aber es verschiebt die Akzente: Der Neuanfang erwächst – anders als beim Turmbau zu Babel – aus der Besinnung auf eine neue Mitte, auf Gott. In der Besinnung auf ihn mag der Wiederaufbau gelingen.

So notwendig die angedeuteten strukturellen Umbauarbeiten der Kirche sind – und an gutgemeinten, leider oft sehr gegensätzlichen Ratschlägen fehlt es ja in der Tat nicht: noch wichtiger ist, nach dem Herrn der Kirche selbst zu fragen. Vor aller gebotenen pastoralen und administrativen Pragmatik steht also die Besinnung auf den Gott, der in die Dunkelheiten und Niederungen seines Volkes hinabgestiegen ist und im Herzen der einzelnen wie im Zusammenklang der vielen aufscheinen, Orientierung geben will. *„Denn Gott, der sprach, aus Finsternis soll Licht aufleuchten, er ist in unseren Herzen aufgeleuchtet, damit wir erleuchtet werden zur Erkenntnis des göttlichen Glanzes auf dem Antlitz Christi"* (2 Kor 4,6).

Doch dazu bedarf es Augen, die in dem Dunkel zumindest einen Schimmer der Handschrift Gottes erkennen und auch deuten können: *„Osteraugen"* (Hemmerle), die in dem Dunkel das Licht und im Tod das Leben erkennen. Ein mühsamer Lernpro-

zess, in dem sich die Kirche schon seit ihren Anfängen immer wieder neu befindet.
Es sind die *glanzlosen Augen* der Emmausjünger, die dem unbekannten Weggefährten von ihrer Trauer, ihrer Enttäuschung, ihrer erstorbenen Hoffnung erzählen (Lk 24,13-35). Erst beim Brechen des Brotes, Bild für die Eucharistie, gehen ihnen die Augen auf, und noch in derselben Stunde brechen sie auf in die Nacht, um der Gemeinde von ihrer Ostererfahrung zu berichten.
Es sind die *verweinten Augen* Marias von Magdala, gezeichnet vom Schmerz um den Verlust, die wenigstens den toten Jesus einbalsamieren und konservieren will. Da muss schon der Auferstandene selbst diesen Kokon von Traurigkeit und Wehmut durchbrechen und sie in die Osterwirklichkeit hineinholen. Auch hier wird Maria aus der Intimität ihrer persönlichen Christusverbundenheit auf die Gemeinschaft der Glaubenden verwiesen: *„Geh zu meinen Brüdern und berichte* ..." (Joh 20,17).
Es sind schließlich die *furchtsamen Augen* der Jünger, die sich nach dem Tod Jesu verbarrikadiert, eingeschlossen haben, rat- und perspektivlos, handlungsunfähig. Erst als sie den Auferstandenen in ihrer Mitte erkennen – bezeichnenderweise an seinen Wunden! – und seinen Heiligen Geist empfangen, drängt es sie, von ihrer lichtvollen Erfahrung allen zu erzählen (vgl. Joh 20,19-23; Apg 2). Jahrzehnte später wird der Johannes-Brief resümieren: *„Furcht gibt es in der Liebe nicht, sondern die vollkommene Liebe vertreibt die Furcht*" (1 Joh 4,18).
Auf das Sehen kommt es also an, noch vor dem Tun: tiefer zu blicken und in dem Begrenzten den zu erkennen, der auch das Begrenzte angenommen hat und sich als der Auferstandene gerade an seinen Wunden zu erkennen gibt. Ja, es braucht wirklich Mut, nicht resigniert oder in Panik auf den gesellschaftlichen Ansehens- und Bedeutungsverlust zu starren, die innerkirchliche Selbstblockade wie die wegbrechenden traditionellen Gemeindestrukturen, die Überalterung unserer Gemeinden und die Leere in unseren Seminaren und Ordenshäusern, sondern in all dem den zu suchen, der uns gleichsam in all den Wunden entgegenkommt und uns zuruft: *„Habt Mut! Ich habe die Welt besiegt*" (Joh 16,33). Es braucht gerade in diesen Mo-

menten jenes wache Gespür für den Auferstandenen und die Bereitschaft, ihm genau dorthin zu folgen, sich in die Spannung und die Leere und die Verlassenheit hineinzustellen, sie auszuhalten, zu lieben. Kirchenkritiker distanzieren sich an diesem Punkt von dem Mittelmäßigen, Negativem, Unvollkommenen; Kirchenliebhaber stellen sich mit ihrer Person, mit ihrer Existenz genau in diese Lücke, halten diese Spannung aus, tragen diese Schwierigkeiten durch: leidenschaftlich kirchlich, weil entschieden christlich.
Im Kolosserbrief deutet Paulus sein Apostelamt und die damit verbundenen Leiden für die Gemeinde in eben dieser Perspektive: *„Für den Leib Christi, die Kirche, ergänze ich in meinem irdischen Leben, was an den Leiden Christi noch fehlt"* (Kol 1,24). Aber die Zielperspektive heißt nicht Leidensmystik, sondern Christusverkündigung: *„Christus ist unter euch. Er ist die Hoffnung auf Herrlichkeit"* (Kol 1,27). Das erfordert ein Hochmaß an geistiger, aber auch an geistlicher Elastizität: an dieser Perspektive der verheißenen und sich zueignenden Herrlichkeit Gottes festzuhalten auch angesichts erfahrener und bedrängender Schwachheit und sich je neu auf das ‚Heute' Gottes einzustellen und danach zu fragen, wie Gott heute seine Kirche will, was er seiner Kirche je heute sagen will (vgl. Offb. 2f) und wo sich Verbündete finden, die dieses Anliegen der geistlichen Erneuerung mittragen.

4. Neue Armut und die Spiritualität des Empfangens

Auch wenn Gott, wie dem Mose einst mitgeteilt, das „Elend seines Volkes" gesehen hat und herabgestiegen ist (vgl. Ex 3,7f) und in der „Fülle der Zeit" in Jesus Christus bereits in unserer Schwachheit angekommen ist, wird uns als Kirche, die wir auf unsere großartige Geschichte und das in vielerlei Hinsicht segensreiche Wirken zu Recht stolz sein können, möglicherweise nicht abgenommen, dass wir neu jenen demütigen Gang des Gottesvolkes lernen müssen, um tiefer zu begreifen, dass das Übermaß der Kraft tatsächlich von Gott kommt: *Herrlichkeit in Schwachheit.*[28] Es ist verhältnismäßig leicht, aus einer Position der Stärke gut zu sein und Gutes zu tun. Wer erinnerte sich nicht an die großherzigen Spenden und Hilfeleistungen, an die auch heute noch segensreichen Missionswerke deutscher Katholiken, an Männer und Frauen, die in andere Kontinente aufgebrochen sind, um in christlichem Geist Krankenhäuser, Schulen, Gemeinden zu gründen, die in die Kultur, die Gewohnheiten und Sprachen noch des entlegensten Volksstammes vorgedrungen sind, um durch ihr Wort und Beispiel Gottes Liebe bekannt zu machen.

Es ist richtig: Wir haben immer gegeben, viel gegeben. Aber wird es uns gelingen, auch zu empfangen, die Hilfe anderer demütig anzunehmen? Denn das bedeutet auch, die eigene Bedürftigkeit einzugestehen und etwa dankbar anzunehmen, dass Ordensschwestern aus den Philippinen oder Priester aus Indien oder Polen unserem Mangel an geistlichen Berufungen abhelfen. Und wie schwer tun wir uns, die Hilfe anderer anzunehmen, wenn sie diese mit je ihrem Akzent und in ihrer Mentalität leisten. *„Ich lasse in deiner Mitte übrig ein demütiges und armes Volk"* (Zef 3,12), das aufs Neue Gott als seinen Reichtum entdeckt. Der Weg dahin ist weit, aber wäre es so ganz abwegig, in aller Bedrängnis diese Neuausrichtung auf den zu wagen, der uns in all dem, was geschieht, entgegen kommt? *„Blickt auf zu ihm, so wird euer Gesicht leuchten, und ihr braucht nicht zu erröten"* (Ps 34,6).

Angesichts der großen Sorgen und bedrückenden Entwicklungen scheint uns – wie seinerzeit den Israeliten – das Leuchten des Mose, der noch ganz in das Licht der Gottesbegegnung getaucht ist, fast unerträglich. Möglicherweise ist uns heute der demütig-geduldige Aufstieg des Elija näher, durch die Wüste seiner Zeit wie seiner eigenen Existenz, bis hin zum Gottesberg Horeb.

5. Der Weg des Elija: von falscher Selbstsicherheit zu neuer Gotteserfahrung

Erinnern wir uns: *„Mit Leidenschaft bin ich für Gott, den Herrn der Heere, eingetreten"* (1 Kg 19,14). Der dies sagt, der Prophet Elija, hat einen langen Wüstenweg hinter sich, innerlich wie äußerlich, verbunden mit peinvollen Abstürzen und mühsamen Aufstiegen, ehe er auf dem Gottesberg und in der Gottesbegegnung ankommt und den Auftrag erhält, das Volk Gottes zu führen. Die Erfahrung (und das Eingeständnis!) eigener Schwäche und persönlichen Versagens haben ihn erst stark gemacht, fortan machtvoll den Gott Israels zu verkünden. Von hier aus erfolgt Sendung, nicht Handeln auf eigene Faust, und diese Sendung findet ihre Erfüllung in der prophetisch-politischen Dimension wie in der Perspektive der Nachfolge, der beeindruckenden Berufung des Elischa.

Voraus ging die Erfahrung machtvoller Gottesbezeugung, wobei es Elija – nach eigenem Bewusstsein der letzte aufrechte Prophet, der noch zu Jahwe hält –, mit 450 heidnischen Baalspriestern aufnimmt und dem staunenden, aber glaubensschwachen Volk Israel eine eindrucksvolle Machtdemonstration seines Gottes erteilt. Zwar triumphiert der wahre Gott Israels, doch der Mann des Tages heißt Elija, der die Schwäche seiner Gegner ausnutzt und sie alle niedermetzeln lässt. Man sieht ihn förmlich vor sich, wie er als Held mit stolzgeschwellter Brust die Arena verlässt, im Gefühl größter Überlegenheit, wohl auch Überheblichkeit. *„Ich allein bin übrig geblieben"* (1 Kg 19,14).

Doch die Geschichte nimmt eine unerwartete Wendung. Denn bei Hofe, namentlich der eingeheirateten heidnischen Königsgattin Isebel, findet man die Blamage und das Niedermetzeln der eigenen Priesterschaft gar nicht lustig, und man schwört dem Propheten des wahren Gottes ewige Rache. Mit einem Mal bekommt es dieser erfolgsverwöhnte Kämpfer Gottes mit der Angst zu tun und läuft um sein Leben, nur weg von den Menschen, hinein in die Wüste. Hinter der überlegenen Siegerpose lauert bereits die Anfechtung. Die Erkenntnis ist bitter: sein ganzes Selbstbild gerät ins Wanken. Der letzte aufrechte Prophet und Fels in der Brandung – in Wirklichkeit jemand, der beim leisesten Widerstand umfällt und wegrennt, dessen Glaube ebenso angefochten und wankelmütig ist wie der des Volkes Israel, dem er mit dem großen Gestus des Gotteskämpfers den Spiegel vorgehalten hat. Die Enttäuschung und Scham über sich selbst mag tief sitzen. *„Nun ist es genug, Herr. Nimm mein*

Leben. Denn ich bin nicht besser als meine Väter" (1 Kg 19,4). Aber so schnell stirbt sich nicht, und ein sanfter Tod unter dem Ginsterstrauch in der Wüste wäre alles andere als ein humanes Sterben ... Elija hat noch etwas zu erledigen, das Wichtigste in seinem Leben überhaupt: die Auseinandersetzung mit sich selbst. Wo er sich selbst nicht mehr ausstehen kann, wo er nur noch schlafen, vergessen, sterben will: da schickt Gott seinen Engel: *„Steh auf uns iss, sonst ist der Weg zu weit für dich*!" (1 Kg 19,7). Mag sein, dass manchem der zu Tode betrübte Elija lieber und menschlich näher ist als jener kraftstrotzende geistliche Muskelprotz mit seinem demonstrativen Siegerlächeln. Gott gibt das Lebensnotwendige, gerade am Ort des Scheiterns und Versagens. In der Zerbrechlichkeit und Gebrochenheit der eigenen Existenz muss Elija neu lernen, jenen Schatz zu entdecken, den Gott in ihn hineingelegt hat; anzunehmen, auszuhalten, durchzutragen, dass die Kraft dazu von Gott kommt und nicht aus ihm selbst.

In der Kraft dieser Speise, der gnädigen Behütung durch den Engel, geht Elija den Weg durch die äußere wie innere Wüste, hinauf zum Gottesberg Horeb – *„vierzig Tage und vierzig Nächte*". Auch dieser große Prophet braucht nicht einfach nur mit dem Finger zu schnippen, um sich aller Probleme zu entledigen und wieder „gut drauf" zu sein. Unbeschadet all seiner spektakulären missionarischen und pastoralen Erfolge muss auch der Mann Gottes ganz unspektakulär den inneren Glaubensweg in Treue und Beständigkeit fortsetzen, auch durch manche Dunkelheiten hindurch. Aber dieser Weg läutert ihn und macht ihn empfänglich, die Stimme und die Wirkmacht Gottes schließlich jenseits aller spektakulären Theophanien *„im sanften, leisen Säuseln*" (1 Kg 19,13) zu erkennen und sich der undramatischen, aber wirkmächtigen Gegenwart Gottes auszusetzen.

Nach all den Enttäuschungen und Niederlagen, die er nach seinem großartigen Sieg einstecken musste, ist Elija eine halbe Ewigkeit (denn dafür steht die biblische Zeitangabe der „vierzig Tage und vierzig Nächte") unterwegs zum Horeb, jenem Berg, an dem Gott sich einst in Blitz und Donner, in Feuer und Erdbeben offenbart und Mose seine Gebote verkündet hat. Elija wird sich die Begegnung mit Gott auch genauso vorgestellt haben:

als eindrucksvolle Demonstration der Macht und Herrlichkeit jenes furchterregenden Gottes, der den Elementen gebietet und vor dem die Völker zittern. Doch Gott kommt so ganz anders. Schon die Aufforderung macht das deutlich: *„Komm heraus und stell dich vor den Herrn!"* (1 Kg 19,11). – Es ist eine Begegnung auf Augenhöhe. Gott liegt nichts daran, den Menschen klein zu halten, ihn „runter" zu machen. Im Gegenteil: Er fordert ihn heraus, sich aufzurichten und ihm mit erhobenem Haupt gegenüberzutreten, freilich auch im Bewusstsein der eigenen Armseligkeit. So kann sich Elija in die Begegnung mit dem lebendigen Gott wagen und muss erfahren, dass Gott so ganz anders ist, als er es sich vorgestellt hat: kein orientalischer Despot, der nur den kleinen Finger zu rühren braucht, um alle Welt erzittern zu lassen. Er ist vielmehr der, der das Elend seines Volkes sieht und hinabsteigt, der den Armen aus dem Staub emporhebt und die Niedrigen und Bedrückten aufrichtet. Gott kommt gerade nicht von oben herab, sondern ist der Grund, auf dem wir stehen, er ist es, der uns trägt und stützt und wieder aufrichtet. Das ist es, was Elija in dieser Situation intuitiv erfasst und was seine Vorstellung von Gott von Grund auf verändert: Das sanfte, leise Säuseln des Windes lässt ihn erahnen, dass Gott schon längst gegenwärtig, ihm nahe ist, es schon immer war, auch auf seinem langen Leidensweg der Selbstläuterung. Diese Erfahrung macht ihn letztlich zu jenem großen Propheten Israels, dessen Weg vom Berg der Gotteserfahrung wieder hinab und durch die Wüste führt, mitten hinein in die Geschichte seines Volkes, dessen Geschick er in der Perspektive Gottes mitgestaltet. Auf Männer wie ihn wartet das Volk, selbst noch Jahrhunderte nach seiner Entrückung gen Himmel.

In dem vierzigtägigen Exerzitium des Propheten, dem äußeren und vor allem inneren Wüstenweg des Elija bis hin zum Durchbruch auf dem Gottesberg, erkennt man unschwer die Matrix für den geistlich-existentiellen Ausbildungsweg, dem sich das Volk Gottes auch heute stellen muss und insbesondere jene, die heute in der Kirche Führung übernehmen und Verantwortung tragen (wollen). Die *Geistlichen Übungen* des Ignatius zeichnen diesen geistlich-existentiellen Weg ebenso nach wie der *Aufstieg zum Berge Karmel* eines Johannes' vom Kreuz oder das Vordringen Theresias von Avila zur *Inneren Burg*.

6. Der Weg der Kirche: von Selbstgenügsamkeit zu geläutertem Sendungsbewusstsein

In dem mühsamen Weg des Elija lässt sich auch als Bild des demütigenden Pilgerwegs der Kirche unserer Tage erkennen. Vorbei die Zeiten, wo wir uns des allein seligmachenden Anspruchs und Auftrags so sicher waren; nur ein Schatten jene kraftvolle Pose, da wir im Bewusstsein der eigenen Stärke und Wahrheit allen Häresien und Modernismen trotzen konnten; verflogen jenes Gefühl der Überlegenheit unseres Kirchenverständnisses als *societas perfecta*[29], jenes in der Tat über gut hundert Jahre außerordentlich erfolgreichen Sozialgefüges.[30]
Wir stehen in der Tradition einer äußerst selbstbewussten Kirche, die heute erleben muss, jedenfalls in Westeuropa, dass sich die Menschen von ihr abwenden. Es wäre zu einfach und auch zu billig, die Abkehrbewegung lediglich als jene des verlorenen Sohns zu deuten, ohne die Unbeweglichkeit des Daheimgebliebenen mitzubedenken. Es würde der komplexen Wirklichkeit nicht gerecht, schlicht die Feindmetaphorik früherer Jahrhunderte zu bedienen. Hier der heilige Rest, dort die gottabgewandte Welt, die den Weg ins Verderben wählt und sich selbst disqualifiziert. All das mag zwar als Rechtfertigungs- und Erklärungsmuster vorübergehend beruhigen, aber nicht wirklich befriedigen. Die Kirche darf sich gerade nicht abschotten und sich nicht selbst genügen; sie hat einen Verkündigungsauftrag, dem sie entsprechen muss. *„Die Kirche gerade unseres Raumes, die viele institutionelle Strukturen hat, darf sich ... nie in sich selbst abschließen. Selbstgenügsamkeit ist für die Kirche der größte Sündenfall. Ihr Name sagt schon, dass sie von Gott berufen und herausgerufen ist in die Zerrissenheit der Welt hinein. Sie wird darum immer auch wie in der Fremde leben. Das Zelt Gottes unter den Menschen ist vielleicht ein besseres als das des Betonbunkers.“*[31] Im Zeichen des Zeltes lebt es sich als Kirche und pilgerndes Gottesvolk zwar weitaus ungeschützter, die

Alternative des Betonbunkers dürfte jedoch kaum besser sein. Sie macht uns unbeweglich und unfähig, auf die Zeichen der Zeit einzugehen und auf den Fingerzeig Gottes in ihr zu reagieren. Der Rückzug in die apologetischen Schützengräben und das Verbarrikadieren in die mentalen Betonbunker suggerieren eine falsche Sicherheit; in Wirklichkeit macht es uns nur einsamer, und der Zweifel nagt, ob wir mit unserem elitären Bewusstsein letztlich auf der richtigen Seite der undurchdringlichen Betonwände sind. Denn es wäre nicht auszuschließen, dass sich bei aller defensorischen Rhetorik und dem Bemühen um Abgrenzung und gleichzeitiger Schärfung des eigenen Profils unversehens die Erkenntnis einstellt, dass möglicherweise gerade in dem Stolz über unsere Größe auch unsere eigene Schwachheit begründet liegen könnte.

Die Härte, mit der die Öffentlichkeit über Fehltritte insbesondere in der katholischen Kirche urteilt, sie gelegentlich auch mit Häme überzieht bis hin zum Vorwurf der Bigotterie, berührt umso mehr, als gerade sie es ist, die an sich selbst wie an die Gesellschaft hohe moralische Ansprüche stellt und ihre Wertvorstellungen nachdrücklich in den gesellschaftlichen Diskurs einbringt. So machtvoll die Kirche etwa für den Schutz des Lebens vom Anfang bis zum Ende eintritt, für die Integrität der menschlichen Person, für die gerechte Verteilung der Güter etc. und sich mit Verletzungen dieser Grundwerte nicht abfinden kann, so angreifbar und verwundbar ist sie, wenn moralisches Fehlverhalten in den eigenen Reihen und erst recht unter ihrem Führungspersonal ihre Integrität und moralische Autorität untergräbt. Der Pädophilieskandal, der nach den USA, Irland, Belgien ... auch die Kirche hierzulande schwer erschüttert hat, bringt dies schmerzhaft zu Bewusstsein. Mit welcher moralischen Legitimation will die Kirche als *„Mutter und Lehrmeisterin der Völker“*[32] der Gesellschaft Vorschriften und Vorhaltungen machen, wenn sie selbst nicht durch ihr Beispiel und leuchtendes Vorbild deutlich macht, wofür sie steht? Die Lernerfahrung der Kirche im Zusammenhang jenes unsäglichen Skandals lasse sich, so ein namhafter Kirchenvertreter, in zwei Stichworten zusammenfassen: Demut und Bußfertigkeit, aber auch die Bereitschaft zu Reform und Erneuerung.[33]

Das Eingeständnis, schwach und fehlbar zu sein, *ecclesia semper refomanda*, muss nicht niederdrücken, es soll vielmehr herausfordern. Natürlich kann die Kirche unter keinen Umständen von dem Anspruch und der Wahrheit des Evangeliums absehen und muss auf jede ihr mögliche Weise dafür eintreten. Umso beschämender ist es, wenn gerade das schädigende Verhalten ihrer Glieder und insbesondere ihrer Amtsträger ihre Verkündigung unterminiert und konterkariert. Es gehört zu den bittersten Stunden und erschütterndsten Erfahrungen im Pontifikat von Papst Benedikt XVI., wie dieser in seinem Interview-Buch erkennen lässt,[34] auf seinen Auslandsreisen mit Missbrauchsopfern zu sprechen und im Namen der Kirche um Vergebung zu bitten.

„Herrlichkeit in Schwachheit" – es braucht wahrlich großen Glauben, um auch an diesem finsteren Ort das Licht des Göttlichen auszumachen. Umso wichtiger wäre es, dass wir schwache Menschen uns an das göttliche Wort halten und uns seiner Führung anvertrauen, *„ denn es ist"*, wie es im Zweiten Petrusbrief heißt, *„ein Licht, das an einem finsteren Ort scheint, bis der Tag anbricht und der Morgenstern aufgeht in eurem Herzen"* (2 Petr 1,19). Doch wir, die wir Kirche bilden und Christus darstellen, sind oft nicht auf der Höhe unserer Berufung, so klagt schon der Kirchenvater Johannes Chrysostomos: *„Wie sollen sie (die Heiden) vom Glauben überzeugt werden? Durch Wunderzeichen? Wunder geschehen nicht mehr. Durch unser Verhalten? Das aber ist schlecht. Durch Liebe? Keine Spur davon ist zu sehen. Darum werden wir einst ... auch über den Schaden Rechenschaft ablegen müssen, den wir angerichtet haben ..."*[35]

Abgrenzung und Profilschärfung sind also durchaus gefragt, indem wir Christen uns durch unser Verhalten positiv abheben. Die Regieanweisung der Bergpredigt weist in eben diese Richtung: *„So soll euer Licht vor den Menschen leuchten, damit sie eure guten Werke sehen und den Vater im Himmel preisen"* (Mt 5,16). Dass dies nicht Wunschdenken bleiben muss, macht auf eindrucksvolle Weise der Brief an Diognet (um 200) deutlich: Die Christen *„leben in ihren Heimatländern, aber wie Fremde,... Sie leben im Leib, aber nicht nach dem Fleisch. Sie leben auf der Erde, sind aber schon Bürger des Himmels ... Sie lieben alle Men-*

schen, werden aber von allen verfolgt ... Sie sind arm, machen aber viele reich, ihnen fehlt alles, doch haben sie Überfluss an allem ... Um es kurz zu machen: was die Seele im Leib ist, das sind die Christen in der Welt."[36] Sosehr die Kirche unserer Tage sich der eigenen Gebrochenheit und Zerbrechlichkeit bewusst wird (wenn nicht, dann sorgt schon eine argwöhnisch lauernde Öffentlichkeit dafür): der Dimension des „zerbrechlichen Gefäßes", so unzweifelhaft ist ihr doch ein Schatz anvertraut, den sie durch die Zeiten hindurch und in alle Räume hinein tragen soll – in der Geste dessen, der bei Tisch bedient (vgl. Lk 22,27), in Wahrhaftigkeit und Bescheidenheit.

7. Weg der Verkündigung: Lehre der Kirche und das Leben der Christen

„*Wer also zu stehen meint, der gebe acht, dass er nicht fällt!*" (1 Kor 10,12), so mahnt Paulus seine Gemeinde in Korinth, „*und wer fällt*", so fährt Jeremias Gotthelf fort, „*der trachte danach, dass er wieder aufstehe*"[37]. Doch leben wir so, dass unser Licht vor den Menschen leuchtet? Bleiben wir Christen nicht ebenso wie unsere Zeitgenossen an Äußerlichkeiten und an der Oberfläche hängen? Sind wir nicht ebenso wie andere der Gefahr der Erstarrung und Verfestigung erlegen? Fragen an uns selbst, die „Frommen", ob und inwieweit unsere Frömmigkeit auch Heiligkeit „produziert" .

Ist es nicht ein Trauerspiel, dass wir uns ebenso wie sonst in der Welt in Parteiungen auseinanderdividieren lassen, einander beargwöhnen und verdächtigen? Das könnte uns doch bekannt vorkommen: „*Ich halte zu Paulus – ich zu Apollos – ich zu Kephas – ich zu Christus*" (1 Kor 1,12). Es fiele nicht schwer, das Zitat durch aktuelle Namen zu ersetzen. Wahrhaft korinthische Verhältnisse! Zu jedem strittigen Thema hat jeder seine eigene Meinung und findet garantiert auch eine (kirchliche) Autorität oder eine entsprechende *pressure group*, auf die er sich dafür berufen kann. Da steht für die Einen die Rechtgläubigkeit der kirchlichen Hierarchie auf dem Spiel, während die Anderen die „horizontale Kirchenspaltung" beklagen. Und weil es – so das je subjektive Sendungsbewusstsein – immer darum geht, das Heilige zu retten, scheint im Kampf um göttliche Wahrheiten auch der Zweck die Mittel zu heiligen. *„Ist denn Christus zerteilt?"* (1 Kor 1,13), so müssten wir mit Paulus zurückfragen. Müssten wir uns nicht auf die Mitte und unser gemeinsames Fundament besinnen: Christus, die Einheit mit ihm und untereinander!

Es ist vielleicht eine deutsche Eigenart, dass wir bisweilen allzu selbstverliebt unser kritisches Bewusstsein pflegen und uns den Luxus leisten, uns immer noch einmal differenziert, abweichend und kritisch zu den jeweiligen Problemen und Vorgängen zu äußern und uns intellektuell vom *main stream* abzusetzen. Das mag zwar legitimieren, sich nicht vor den gemeinen Karren spannen zu lassen. Aber daraus entsteht noch keine Kraft, weder zum eindringlichen Beten noch zum entschiedenen Handeln. Es fehlt der letzte Ernst, und das führt letztlich zu Lähmung und Verzettelung, mit der die wirklich gravierenden Probleme nicht angegangen, geschweige denn gelöst werden können. In Anspielung auf das Evangelium von den bösen Winzern findet Papst Benedikt XVI. vor den Teilnehmern der Weltbischofssynode 2005 deutliche Worte, in denen er die Kirche unserer Tage mit jenem Weinberg vergleicht, in dem saure Trauben wachsen anstatt gute Früchte, in dem die Winzer die Knechte des Eigentümers hinausdrängen und seinen Sohn töten. *„Ist unser christliches Leben nicht häufiger Essig statt Wein? Selbstmitleid, Konflikte, Gleichgültigkeit? [...] Wir Menschen, denen sozusagen die Führung über die Schöpfung anvertraut ist, reißen diese an uns. Wir wollen die Gutsbesitzer in einziger Person und alleine sein. Wir wollen die Welt und unser eigenes Leben besitzen. Gott ist uns da ein Hindernis."*[38]

„Ach Herr, ich bin ja nicht besser ...": Das Erschrecken Elijas über sich selbst dürfte auch uns in den Knochen sitzen, und man mag sich bisweilen fragen, wie groß der Leidensdruck noch sein muss, damit wir als Kirche zusammenrücken und *„zur Einheit im Glauben und in der Erkenntnis des Sohnes Gottes gelangen, damit wir zum vollkommenen Menschen werden und Christus in seiner vollendeten Gestalt darstellen"* (Eph 4,13). Jener schmerzhafte und mühselige Transformationsprozess der Kir-

che unserer Tage, er ist vorgezeichnet im Wüstenweg des Propheten Elija, unterwegs zu einer erneuerten Gotteserkenntnis, die zu einem vertieften Sendungsbewusstsein und zu kraftvollem Handeln im Namen und auf Geheiß Gottes führt. Es ist der Weg der Kirche, die in der Kleinheit und Schwachheit zu einer neuen, tieferen Gotteserfahrung kommt: Wo man jenseits der spektakulären Zeichen die stille, aber wirksame Gegenwart Gottes spürt, darin seine Stimme erkennt und ihr folgt. Angesichts triumphalistischer Inszenierungen machtvoller Katholizität im letzten Jahrhundert vielleicht keine berauschende Perspektive. Doch die Rückführung und Rückbesinnung auf das, was bleibt, was trägt, was ist, führt letztlich zu größerer Tiefe, Wesentlichkeit, Geistlichkeit und auch gestalterischer Kraft. Und diese Kirchenvision hat nichts mit der Beschwichtigung dessen zu tun, der sich mit dem Niedergang abgefunden hat und das Kleine und Niedrige schön redet. Gerüstet mit einer neuen, geläuterten Leidenschaftlichkeit für den „Herrn der Heere" führt der Weg vielmehr vom Gottesberg wieder zurück: durch die Wüste, hinein in das Volk, in die Gesellschaft, in Politik und Wirtschaft – an den Platz, wohin Gott uns ruft.
Anstatt in Selbstmitleid ob der skizzierten Krisenphänomene zu zerfließen, sollten wir daher eher einige Lichtpunkte setzen und exemplarisch aufzeigen, wo unsere Kirche gerade in all den Widrigkeiten ihre spirituelle Kraft wiederfindet, um den Menschen auch heute den Prophetenmantel pilgernder Existenz überzuwerfen und sie zu einer Entscheidung für Gott und ein Leben in seinem Dienst herauszufordern.

III. Übermässige Kraft – und aufblitzende Herrlichkeit *Oder: Wenn Taborstunden erzählen könnten*

Auf der Suche nach einem Kirchenbild, das auch heute faszinierend und anziehend ist und nach einem Lebensengagement verlangt, haben wir bei Paulus und seiner korinthischen Gemeinde Anleihen gemacht, die wie die Mikrozellen eines *Kon-*

vektors das aufscheinende Licht der Gegenwart Gottes aufnimmt, die empfangenen Strahlen im Miteinander widerspiegelt und nach außen abstrahlt.
Wie Mose aus dem vierzig Tage andauernden „Gespräch" mit Gott, dem lichtvollen Umfangensein von der Gegenwart des Heiligen schlechthin auf dem heiligen Berg verwandelt herauskommt, so ist der Einzelne wie die Kirche als ganze berufen, sich je neu und dauernd hineinverwandeln zu lassen in jenes zerbrechliche Gefäß des Widerscheins, das göttliches Licht in diese Welt hineinstrahlt. Dies ist ihre Bestimmung, auch wenn das in einer säkularen, postmodernen Welt nicht weniger anstrengend und fordernd, manchmal auch frustrierend ist als auf jener vierzigjährigen Wüstenwanderung des alttestamentlichen Gottesvolkes. Dabei ist noch nichts darüber gesagt, ob die Wüste nicht sogar besonders empfänglich macht für jenes Gottesleuchten, das sich so leicht verflüchtigt, wenn man – endlich! – im Gelobten Land angekommen ist, wo Milch und Honig fließen und an allem Überfluss herrscht.
„Not lehrt beten", sagt der Volksmund, ohne dass man deshalb die Not herbeisehnen wollte. Aber es scheint für Wüstenwege und Krisenzeiten eine besondere Gnade zu geben. In der prophetischen Tradition des Alten Testaments droht Gott dem geistlich träge und abtrünnig gewordenen Gottesvolk nachgerade die Rückführung in die Wüste an, zurück in jene Zeit der Entbehrung und des Mangels: anscheinend besonders geeignete Rahmenbedingungen, um sich dem fremdgehenden Volk aufs Neue bräutlich zu schenken (vgl. Hos 2,16.21). Dabei braucht nicht verhehlt zu werden, dass der Aufstieg zum Berg der Gotteserfahrung manchmal sehr mühsam und langwierig ist. Bei Elija dauerte er immerhin vierzig Tage und vierzig Nächte. Es ist dasselbe Zeitmaß existentieller Prüfung, Läuterung und Vorbereitung, das auch Jesus von den Evangelien als (geistlicher) Wüstenzeit zugestanden wird, ausgelöst durch die Theophanie in der Taufe im Jordan – *„das ist mein geliebter Sohn"* – (Mt 3,17 par), die schließlich in das öffentliche Wirken Jesu mündet: *„die Zeit ist erfüllt, das Reich Gottes ist nahe. Kehrt um und glaubt an das Evangelium!"* (Mk 1,15).

1. Verklärung und Vergegenwärtigung – Gotteserfahrung für Aufsteiger

Auch die Kirche empfängt ihr Gotteslicht, die aufblitzende Erfahrung der Gottesgegenwärtigkeit auf einem Berg: dem Berg der Verklärung. Es sind die drei Repräsentanten des neuen Israel, die sich allmählich als die Führungsfiguren des Apostelkollegiums und der nachösterlichen Kirche herauskristallisieren: Petrus, Johannes und Jakobus. Jesus nimmt sie stellvertretend für die ganze Kirche mit hinauf auf den Berg und hinein in seine Begegnung mit Mose und Elija, den beiden Lichtgestalten des Ersten Bundes. Der Aufstieg auf den Berg der Verklärung ist auch hier ein Hineingenommensein in die lichte Wolke der reinen Gegenwärtigkeit Gottes, in der Vergangenheit und Zukunft verschmelzen: die Propheten vergangener Jahrhunderte im Gespräch mit Jesus über dessen Tod und Auferstehung, das Ereignis seiner Verherrlichung in der Zukunft.
Es ist überhaupt nicht dumm, wie die Auslegungsgeschichte bisweilen süffisant glauben macht, dass Petrus, der Fels der Kirche, dieser lichten Gottesgegenwärtigkeit selbstvergessen Dauer und Bleibe verschaffen will – ein Vorausbild, in dem sich die Legitimität der jungen Kirche in der Kontinuität des Gottesvolkes ausweist. Es ist der zwar vergebliche und in der Tat unangemessene Versuch, der überwältigenden Gotteswirklichkeit Hütten zu bauen. Doch spricht sich darin nicht die Sehnsucht aller Jahrhunderte aus, jenen Moment aufblitzender Gotteserfahrung in Raum und Zeit festzuhalten, zu konservieren? In der selbstvergessenen Bereitschaft des Petrus, eigenhändig daran mitzubauen, artikuliert sich der Wunsch, Gegenwärtigkeit zu materialisieren, ihr durch die Zeit hindurch Dauer zu verschaffen und das Heilsereignis an Ort und Stelle festzumachen, gewissermaßen einzuzementieren. Es ist durch die Jahrhunderte hindurch dasselbe Bemühen, dem Heiligen Wohnung zu verschaffen, an heiligen Orten zu beten, Kirchen zu bauen und dorthin zu wallfahren, wo das Heilige – besser: *der* Heilige – sich manifestiert (hat). Eine entsprechende Verankerung im Strom der Zeit ist die Ausprägung von Festzeiten im Kirchenjahr, das Gedächtnis von Heilsereignissen, die Wiederkehr von

Jahrestagen. Es bedarf der Erinnerung, der Memoria, zutiefst in der sakramentalen Vergegenwärtigung des Opfers Christi in der Feier der Eucharistie: reine Gegenwart und lichte Wolke, Heilschronologie und Heilstopographie, Anwesenheit des Heiligen in Zeit und Raum.

2. Erinnerung und Vergewisserung – Gedächtnis für Absteiger

Aber es gibt kein Bleiben auf dem Berg der Verklärung: nicht für Jesus, der „seiner Stunde" der Verherrlichung am Kreuz ebenso entgegengeht wie die immer noch etwas benommenen Jünger, die sich über die Bedeutung der ihnen zuteil gewordenen Gottesschau (sozusagen ein „preview") noch nicht im Klaren sind. Doch die Erfahrung, wenngleich unreflektiert und noch nicht gedeutet, geht mit und wird sich später im Licht des Osterereignisses erhellen: Vorwegnahme des verklärten Herrn, der den Jüngern nach seiner Auferstehung vierzig Tage hindurch erscheint, das Zeitmaß der Kirche, die bleibend und fortdauernd in der lichtvollen Wolke der Gegenwart des Auferstandenen lebt.
Doch dieser Vorausblick in den geöffneten Himmel auf dem Berg der Verklärung ist ein Angeld für die Jünger, für die es nach dem Aufscheinen der Herrlichkeit Gottes wieder hinunter geht ins Tal der Alltäglichkeit und Banalität. Der Weg führt direkt nach Jerusalem, genauer: nach Golgatha. Wie wenig nachhaltig anscheinend die Gotteserfahrung auf dem Berg der Verklärung war (Mk 9,2-10), zeigt sich im weiteren Verlauf des Weges, wo die Jünger über ihren Rang streiten (Mk 9,33-37) und bereits die Plätze im kommenden Reich verteilen (Mk 10,35-45). Diese Rangeleien werden kontrastiert durch die jeweils unmittelbar vorausgehenden Leidensankündigungen, was nur erahnen lässt, wie sehr Jesus diese letzte Etappe des Wegs in „seine Stunde" allein gehen muss, unverstanden auch von seinen engsten und nächsten Vertrauten. Das Bild der schlafenden Jünger im Ölgarten, später ihr Weglaufen und Verleugnen, verstärkt diesen Eindruck nur.

Es mag tröstlich klingen, dass auch die ersten Männer der Kirche schwach waren und erst im Laufe der Zeit, im Licht von Ostern verstanden haben, welch kostbaren Schatz sie in ihren zerbrechlichen Gefäßen haben. Nicht anders heute: Es braucht gewissermaßen eine „Inkubationszeit", eine Zeit des geistig-geistlichen Verarbeitens und der lebenstechnischen Aneignung dessen, was Gott in seiner Gnade in einem lichten Augenblick, im Moment einer persönlichen Berufung geschenkt hat. Doch jenes Erahnen der tiefergehenden und umfassenderen göttlichen Wirklichkeit ist gleichsam das Vorzeichen vor der Klammer des konkreten christlichen Lebensvollzugs mit all seinen Mühen. Jene Schau in den geöffneten Himmel auf dem Berg der Verklärung bestimmt das Leben, den Lebensrhythmus und den Lebensstil der nachösterlichen Kirche, und auf ihrer Pilgerschaft durch die Zeit wird sie je und je neu hineingehalten in die Feier des Gedächtnisses, der Feier von Tod und Auferstehung Jesu, dem lebenspendenden Mysterium des Glaubens.
Für Petrus wie die junge Kirche ist es fortan von grundlegender Bedeutung, diese Gotteserfahrung im Gedächtnis der Kirche festzuhalten. Daran kann man sich festhalten in Zeiten der Verunsicherung, des Zweifels, der Infragestellung. Wie oft mögen jene Führungspersönlichkeiten der jungen Kirche an jenes Erlebnis, die Erfahrung gemeinsamer Gottesschau und Gotteserfahrung zurückgedacht haben: an jenen Augenblick in ihrem Leben, wo eigentlich alles klar war, wo sie die Mauer menschlicher Begrenztheit durchbrochen und zuinnerst „verstanden" haben, wer Gott und wer dieser Jesus ist, auf den sie sich mit ihrer ganzen Existenz eingelassen haben; wo selbst ein bodenständiger und handfester Petrus selbstvergessen dem Aufblitzen der Herrlichkeit Gottes dauerhafte Bleibe verschaffen will.
Visionen, auch Kirchenvisionen, speisen sich aus Erfahrenem. Die geduldige, oft kleinteilige Umsetzung der großen Linien lebt von jenen Intuitionen, die am Anfang des Weges stehen und dem eigenen Mühen und Wirken einen langen Atem verleihen. Es braucht diese Leuchtzeichen der aufblitzenden Herrlichkeit Gottes in unserem Leben – in unserer persönlichen wie gemeinschaftlichen Glaubensbiographie –, um uns zu „orientie-

ren", gen „Osten" hin auszurichten, dem aufgehenden Licht des wiederkehrenden Christus entgegen. Diese Erfahrungen behalten ihre Gültigkeit, auch wenn jene lichten Momente anschließend wieder von dunklen Wolken und wüsten Wegen überlagert werden. Es ist das Aufblitzen der Herrlichkeit Gottes, das durchträgt, auch in schwieriger Zeit, weil es uns zuinnerst berührt, getroffen, verwandelt hat.

Petrus, so macht zumindest der 2. Petrusbrief glauben, sinniert noch Jahrzehnte danach über diesen lichten Moment intensiver Gotteserfahrung, der seinem Siegeslauf auch über die Hürden von Tod und Auferstehung Jesu, Verfolgung der Gemeinde und Aufbruch in neue Verkündigungsräume ... hinweggeholfen und ihn dabei inspiriert hat: *„Denn wir sind nicht irgendwelchen klug ausgedachten Geschichten gefolgt, als wir euch die machtvolle Ankunft Jesu Christi, unseres Herrn, verkündeten, sondern wir waren Augenzeugen seiner Macht und Größe. Er hat von Gott, dem Vater, Ehre und Herrlichkeit empfangen; denn er hörte die Stimme der erhabenen Herrlichkeit, die zu ihm sprach: Das ist mein geliebter Sohn, an dem ich Gefallen gefunden habe. Diese Stimme, die vom Himmel kam, haben wir gehört, als wir mit ihm auf dem heiligen Berg waren"* (2 Petr 1,16-18).

Auch wenn die historisch-kritische Exegese den 2. Petrusbrief „nur" als *„konsequent durchdachte pseudepigraphische Schrift im Namen und in der Autorität des Petrus"*[39] betrachtet: Die Grunderfahrung des Christen wie der Gemeinde damals wie heute spiegelt sich gleichwohl in diesen, Petrus also wohl in den Mund gelegten Worten wider. Es ist dieses Moment der Erinnerung, Vergewisserung und Bekräftigung der eigenen Glaubensidentität. Und wenn einem die ganze Welt einzureden versuchte, solche lichten Momente der Gottesbegegnung und Glaubensgewissheit seien nicht möglich, sie seien ein Produkt frommer Selbstsuggestion und übersteigerter Phantasie, so steht dagegen doch die eigene Erfahrung und Glaubensgewissheit, die für uns wie für den Autor des Petrusbriefes eine unumstößliche Plausibilität besitzt: Wir waren Augenzeugen. Wir haben es erfahren. Es ist so! Die persönliche Gotteserfahrung ist gleichzeitig Ausgangs- und Zielpunkt christlicher Existenz wie kirchlicher Pilgerschaft durch die Zeit. Der einmal kraft Intuition begonnene Weg schiebt sich beim Gehen unter die Füße, der Vollendung entgegen.

3. Leuchtzeichen und Lichtblicke – Der Pilgerweg der Kirche

Wo sind also jene Lichtpunkte auf dem manchmal dunklen und mühsamen Pilgerweg der Kirche heute, wo etwas von Gottes Herrlichkeit aufleuchtet und ausstrahlt? Denn es gibt sie auch heute, vielleicht nicht so offenkundig, und es mag sein, dass wir bisweilen wie Elija erst manche Durststrecke zurücklegen müssen durch die Wüste der Enttäuschung – über andere wie über uns selbst –, um in dem *„sanften, leisen Säuseln"* auf dem Gottesberg unserer Tage die wirkmächtige Gegenwart Gottes zu erahnen und der vorüberziehenden Herrlichkeit Gottes innezuwerden. Aber wir müssten (mehr) von unseren Taborstunden erzählen, uns der lichtvollen Einbrüche des Geistes erinnern, wenn wir wieder hinabsteigen in die Ebene alltäglicher Routine und uns auf den Kreuzwegen des Lebens wiederfinden. Ein paar Hinweise, wo eine solche Felsspalte gegenwärtiger Kirchenerfahrung gefunden werden könnte, an der Gott seine Herrlichkeit im Tun der Kirche vorüberziehen lässt, mögen wiederum genügen: Leuchtzeichen kirchlicher Verkündigung und Praxis, die wohl nicht zufällig dort aufleuchten, wo postmoderne Suchbewegungen an ihre Grenze kommen.

Anwaltschaft für das Heilige und den Heiligen – Plädoyer für eine geistliche Kirche

„Brot ist wichtig, Freiheit ist wichtiger. Am wichtigsten ist die ungebrochene Treue und die unverratene Anbetung" [40], so Alfred Delp in seinen Aufzeichnungen, Vermächtnis eines Mannes, der mit äußerster Scharfsicht die eigentliche Wurzel der nationalsozialistischen Schreckensherrschaft benennt, geschrieben im Angesicht des Todes. Aus der Anerkennung Gottes folgt der Respekt und die Ehrfurcht vor der unantastbaren Würde eines jeden Menschen. *„Nur wer Gott kennt, kennt den Menschen!"*

(Romano Guardini). Wer sich keiner übergeordneten Macht, keinem richtenden und rettenden Gott verdankt und ihm gegenüber verantwortet, muss sich selbst zum Maßstab werden. Solche Anmaßung öffnet der Willkür und jeder Gewalt Tür und Tor zur Durchsetzung der eigenen Ziele und der Befriedigung der eigenen Bedürfnisse. Hitler, Stalin, Mao Tse-tung und unzählige andere Despoten haben der Welt die Fratze des selbsternannten Übermenschen gezeigt, der jede göttliche Autorität leugnet und sich selbst an die Stelle Gottes setzt.[41]

An Brot und Freiheit scheint heute – hierzulande jedenfalls – kein Mangel zu herrschen. Anders ist es schon mit jener allseits ersehnten und oft doch entzogenen unverbrüchlichen Treue: zwischen Eheleuten, Freunden, Geschäftspartnern ... Dass Menschen einander trauen und einander die Treue bewahren, auch in Krisenzeiten und angesichts von Schuld und Versagen, erwächst im Letzten aus der unaufkündbaren Treue, die Gott zu uns hat (vgl. 2 Tim 2,13), jener Grunderfahrung des Angenommenseins durch Gott, der unverbrüchlich zum Menschen steht, was immer er ist und tut. Erst recht scheint die Dimension des Heiligen, der Anbetung eines als fern oder abwesend empfundenen Gottes eine Zumutung für unser aufgeklärtes Denken zu sein. Und die neuerdings wieder aufgeflammte Atheismus-Debatte mit der Dawkins-Kampfschrift vom „Gotteswahn" macht es nicht leichter, für die Anwesenheit Gottes in der Öffentlichkeit einzustehen. Da mag es verwundern, dass sich die Religionen trotz allen aufgeklärten Denkens und trotz der Verweltlichung aller Lebensbereiche immer noch behaupten und keineswegs im Absterben begriffen sind. Doch wenn sich das Weltbild im zeitgenössischen Denken auch noch so radikal wandelt, so ist die Kontingenzerfahrung doch ein bleibendes Grunddatum menschlicher Existenz, jene zwar ausblend- und überspielbare, aber letztlich doch unausweichliche menschliche Grunderfahrungen der Endlichkeit und der Begrenztheit, der Zufälligkeit und der Geworfenheit unseres „Seins zum Tode". Zu dieser Wirklichkeit, so Hermann Lübbe, können wir, wenn überhaupt, nur in religiöser Haltung eine angemessene Einstellung finden.[42]

Doch religiöse Gefühle und Haltungen und metaphysische

Anmutungen sind noch kein Gottesglaube. Leo Scheffzyk hat schon früh auf das neuartige Phänomen des Nichttheismus und seiner Tendenz zur Harmonisierung zwischen Welt und Gott hingewiesen: *„Die Frage nach Gott ist heute zur eigentlichen Entscheidungsfrage für den Glauben wie für das Christentum und die Kirche geworden."*[43] Insofern wäre heute die wichtigste Aufgabe der Kirche, nach ihrer Selbstaussage im Zweiten Vatikanischen Konzil ja „Heilszeichen" für die Welt, in einer diesseitig ausgerichteten Gesellschaft allein schon durch ihr Dasein den anwesenden Gott zu bezeugen und die Frage nach der Transzendenz offen zu halten. Denn trotz der gefühlten „Gottesfinsternis" ist die Sehnsucht nach Gott, die Offenheit für Transzendenz und die Frage nach den letzten Dingen – was letztlich ist und gilt und bleibt – unübersehbar, gerade auch bei jungen Menschen. Eine Chance für die Kirche, die sich allerdings von manchen geschichtlich gewachsenen Formen und kulturellen Prägungen trennen müsste, um den Menschen wieder jene ursprüngliche Quelle des lebenspendenden Wassers zu erschließen und die Brücke zu schlagen zu den heute fragenden und suchenden Menschen – in ihrer Sprache und in ihren Ausdrucksformen; denn *„was immer aufgenommen wird, wird im Modus des Aufnehmenden aufgenommen – quidquid recipitur ad modum recipientis recipitur"*[44].

Die französische Soziologin Danièle Hervieu-Léger spricht im Zusammenhang der unter Christen veränderten Sozialformen und religiösen Identitäten von Pilgern und Konvertiten.[45] Während die religiöse Sozialisation, die formale Verbindung zur eigenen Religion bzw. Kirche, erheblich abgenommen hat, zeigt sich zugleich das Phänomen einer neuen Intensität des religiösen Engagements einzelner, Leuchtzeichen aufblitzender Herrlichkeit entgegen dem weitverbreiteten Eindruck allgemeinen Niedergangs. Wenn man näher untersucht, was denn die Faszination und Anziehungskraft solcher herausragender Orte und prägenden Erlebnisse – „hauts lieux oder moments forts" – ausmacht, stößt man auf zwei Grunddesiderate menschlicher Lebenskunst: Spiritualität und Kommunität, geistliche Ereignisse und verbindliche Gemeinschaften.

Da lässt es aufhorchen, dass sich in der zweiten Hälfte des

20. Jahrhunderts, zunächst weithin unbemerkt von der kirchlichen Öffentlichkeit, sog. „Neue Geistliche Gemeinschaften" entwickelt haben, kirchliche Bewegungen, denen sich nach realistischen Schätzungen derzeit rd. achtzig Millionen Katholiken zugehörig fühlen.[46] Im Rahmen der Pfingstvigil zur Vorbereitung auf das Jubiläum zur Jahrtausendwende am 25. 5. 1996 hatte Papst Johannes Paul II. das *„Aufblühen kirchlicher Bewegungen"* als *„eines der Geschenke des Geistes an unsere Zeit"* gewürdigt und *„auf sie als Motiv der Hoffnung für die Kirche und für die Menschen hingewiesen. Sie sind ein Zeichen der Freiheit der Formen, in denen sich die einzige Kirche verwirklicht. Sie stellen sicher etwas Neues dar, das noch darauf wartet, in seiner ganzen positiven Wirksamkeit für das Reich Gottes, das im Heute der Geschichte am Werk ist, zutreffend verstanden zu werden."*[47] Insofern war es nur konsequent, dass der Papst die Mitglieder der neuen kirchlichen Bewegungen *„im Rahmen der Feiern des Großen Jubiläums, besonders im Jahr 1998, das gerade dem Heiligen Geist und seiner heiligenden Gegenwart in der Gemeinschaft der Jünger Christi, geweiht ist"*, nach Rom eingeladen hatte, um *„ihren geistlichen, erzieherischen und missionarischen Reichtum ins Herz der Kirche [zu] tragen als wertvolle Erfahrung und als Modell des christlichen Lebens."*[48]
Den rd. 80 in Deutschland vertretenen geistlichen Gemeinschaften mit ihren rd. 100 000 Mitgliedern (2010) ist bei aller Unterschiedlichkeit ihrer Struktur, Verbreitung und Programmatik gemeinsam, dass Menschen jedweden Alters, Lebensstandes und sozialer Herkunft dort einen Ort geistlicher Beheimatung gefunden haben und eine ihnen gemäße Form verbindlicher und engagierter Glaubens- und Lebenspraxis. Denn mit dem Aufbrechen der geschlossenen christlich-konfessionell geprägten Milieus braucht es neue Formen von Zusammengehörigkeit und Entschiedenheit. Diese neuen Bewegungen bieten solche gestuften Möglichkeiten von Verbundenheit, Bindung und Verbindlichkeit: Lebensmodelle, wie engagiertes Christsein in säkularen Gesellschaften produktiv und erfüllend gelebt werden kann. Ob ein Roger Schutz und die Gemeinschaft von Taizè, Chiara Lubich und die Fokolarbewegung, Andrea Riccardi mit der Communità di San Egidio, Br. Pierre

Marie mit seiner Communauté de Jerusalemme, um nur einige Gründergestalten aus der jüngeren Kirchengeschichte zu nennen: in all diesen geistlichen Aufbrüchen leuchtet zweifellos, um noch einmal mit dem 2. Petrusbrief zu sprechen, ein Licht auf, *„das an einem finsteren Ort scheint, bis der Tag anbricht und der Morgenstern aufgeht in eurem Herzen"* (2 Petr 1,19).
Doch erschöpfen sich solche lichtvollen Zeichen der Gottesgegenwart nicht in exklusiven Bewegungen oder Spiritualitäten. Gerade junge Leute sind besonders empfänglich für Lebensmodelle und Lebensformen, die auch heute stimmig und gültig sind. Beredtes Beispiel dafür sind die *Weltjugendtage*, zuletzt in Madrid (2011), an denen Jugendliche aus aller Welt (und eben auch aus unserem Land) zu Hunderttausenden, ja Millionen zusammenkommen, „um anzubeten" (so das Motto des Weltjugendtages in Köln 2005). Natürlich haben solche internationalen und interkulturellen Begegnungen auch Happening-Charakter, aber die ebenso überfüllten Kirchen, bevölkert von jungen Menschen zu Katechese, Gebet und Meditation, sprechen eine deutliche Sprache; und eine kirchenkritische spanische Öffentlichkeit – wie nicht anders die deutsche beim Kölner Weltjugendtag (2005) – musste erstaunt zur Kenntnis nehmen, dass die katholische Kirche keineswegs, wie oft kritisiert, alt, verknöchert und unbeweglich ist. Die Dominanz der Bilder lebensfroher und zugleich frommer Jugendlicher hat das Kirchenbild auch in der Öffentlichkeit nachhaltig geprägt: junge Leute, die ausgelassen auf der Straße tanzen und mit Transparenten und rhythmischen Gesängen den Papst willkommen heißen, die ebenso selbstverständlich für ein Beichtgespräch anstehen und mit heiligem Ernst einem Papst (immerhin aus ihrer Großelterngeneration) zuhören, von dem sie Orientierung für ihr Leben erwarten, Weisung aus der Schrift und Weisheit der Kirche.
So herausragend und singulär solche Großereignisse erscheinen mögen: für Kenner der „Szene" war die große Resonanz der Weltjugendtage auch unter Jugendlichen in Deutschland keineswegs überraschend und nicht minder die Nachhaltigkeit solch starker religiöser Gemeinschaftserlebnisse. So gibt es seit dem Kölner Weltjugendtag in vielen Städten regelmäßig Ge-

betsgottesdienste – „Nightfever", „stay and pray" u. a. – mit so klassischen Elementen wie Messfeier, Katechese, eucharistischer Anbetung, persönlichen Gesprächsangeboten, Spendung des Bußsakraments ... Schon seit Jahren lässt sich auch hierzulande unter Jugendlichen ein verstärktes religiöses Interesse beobachten, oft im Gewand traditioneller Frömmigkeit, die manch einem „Alt-68er" die Haare zu Berge stehen lassen. Doch eine in vielem verunsicherte und von der Gesellschaft und oft auch der Elterngeneration in Sinn- und Lebensfragen im Stich gelassene Generation stellt neu Fragen nach Wahrheit, nach Werten und soliden Fundamenten für ein gelingendes und erfüllendes Leben. Jenseits der kurzfristigen Glücksverheißungen einer Hip-Hop-Gesellschaft, in der das Glück kommerzialisiert wird und Schmerz, Verlust, Unsicherheit, Einsamkeit ... ausgegrenzt werden, bricht sich die Sehnsucht nach einem lebenswerten Leben Bahn, nach Authentizität, Verbindlichkeit, Transzendenz. Wer wollte leugnen, dass hier insbesondere die Kirche gefragt ist, von ihrer Herrlichkeitserfahrung Zeugnis zu geben: nicht belehrend und beurteilend, aber anbietend, begleitend und ermutigend. Dies geschieht bereits, in vielen lokalen und regionalen Aufbrüchen, in Jugendgebetsabenden und Katakombengesprächen, in Jugendkirchen und Taizégottesdiensten, in kleinen christlichen Gemeinschaften und auf Wallfahrten zu heiligen Orten. Meist unbemerkt von der kirchlichen Öffentlichkeit investieren Jugendliche als „Missionare auf Zeit" ein Jahr ihres Lebens im Dienst an anderen, klopfen suchende Menschen an die Türen der Kirchen, Klöster und Gemeinschaften, dezent und unspektakulär, aber unüberhörbar, auf der Suche nach einem sinnvollen und erfüllten Leben, nicht zuletzt nach einer Liturgie, die sie unmittelbar mit Gott in Verbindung bringt in einer ihnen zugänglichen Sprache und musikalischen Ausdrucksgestalt. Da kommt es darauf an, ob ihnen in der Kirche die Türen offen stehen, die Wartenden oder Suchenden freundlich eingeladen und hereingebeten werden, oder ob man zunächst „durchleuchtet" wird nach Einstellung, Motivation, Gesinnung. Es braucht zweifellos eine geistliche Sensibilität, in dem Unkonventionellen, Zeitgeistigen, Unangepassten, möglicherweise auch Provokanten und Störenden jener Anklopfenden einen Wink des Geistes zu entdecken und die Tür nicht wieder zuzuschlagen, sondern im Gegenteil weit aufzutun und die Eintretenden bei ihren ersten Schritten in der neuen Umgebung zu begleiten.

Es hieße einer geistlichen Kirche das Wort reden, die das Wirken des Geistes *in nuce* im Anderen erkennt und fördert: einer „entweltlichten" und zugleich (und deshalb) „weltoffenen", gesellschaftlich engagierten Kirche, wie sie Papst Benedikt XVI. in seiner Freiburger Rede skizziert hat. Insofern das Evangeliums nicht anders als in Raum und Zeit ausgelegt werden kann und immer neu inkulturiert werden muss, ist die Kirche als Kulturträgerin dieses neuen Lebens auch selbst herausgefordert, sich in ihrer jeweiligen Gestalt und Struktur auf ihre Umgebung einzulassen („allen alles werden"), ohne doch ihr Proprium im kulturell und zeitgeschichtlich Begrenzten zu verlieren. Insofern ist sie immer auch strukturell erneuerungsbedürftig, aber auch erneuerungsfähig – „semper reformanda" –, und muss ihre zeitgemäße und zeitbedingte Gestalt je neu im Rückbezug auf ihre Ursprungsgestalt überprüfen. Doch sich von Liebgewordenem und Bewährtem zu lösen, fällt nicht leicht, und oft sind es die Zeitumstände, die der Kirche jene schmerzhaften Prozesse der Loslösung aufgedrängt und ihr letztendlich zu einer ihrer Berufung und Bestimmung gemäßen Gestalt verholfen haben.[49] Eine in dieser Weise „entweltlichte" Kirche wächst aus ihrem Ursprung, und *„kann sich besser und auf wahrhaft christliche Weise der ganzen Welt zuwenden, wirklich weltoffen sein. Sie kann ihre Berufung zum Dienst der Anbetung Gottes und zum Dienst des Nächsten wieder unbefangener leben. Die missionarische Pflicht, die über der christlichen Anbetung liegt und die ihre Struktur bestimmen sollte, wird deutlicher sichtbar. Sie öffnet sich der Welt, nicht um die Menschen für eine Institution mit eigenen Machtansprüchen zu gewinnen, sondern um sie zu sich selbst zu führen, indem sie zu dem führt, von dem jeder Mensch mit Augustinus sagen kann: Er ist mir innerlicher als ich mir selbst (vergleiche Confessiones 3, 6, 11). Er, der unendlich über mir ist, ist doch so in mir, dass er meine wahre Innerlichkeit ist."*[50]

Es muss daher zu denken geben, was sich heute als Zielpunkt

von Suchbewegungen der Postmoderne präsentiert. Denn die postmodernen, postmateriellen Pilger und Konvertiten unserer Zeit verweisen auf den Schatz, den die Kirche seit Jahrhunderten durch die Zeiten trägt. Und oft sind es gerade jene Gruppierungen, die in den Strukturen der Kirche Veränderungen vorantreiben. Hier nun muss sich die prophetische Kraft der Kirche erweisen: ohne Scheuklappen danach zu fragen, was an Hoffnungspotential auch in dem vordergründig Hoffnungslosen steckt. Angesichts dieses in mancher Hinsicht erstaunlichen „Megatrends der Respiritualisierung" und jener elementaren Fragen nach dem Sinn des Lebens, dem Woher und Wohin, kann die Kirche mit ihrer Heilsbotschaft auf eine zweitausendjährige Tradition der Sinndeutung verweisen, die auch heute neu zur Sprache gebracht werden will. Und das Heilsereignis in Jesus Christus, das die Kirche durch die Zeiten trägt, erschöpft sich nicht in erbaulichen Geschichten und trostreichen Bildern. Dahinter stehen durch alle Jahrhunderte Personen, die sich für die Wahrheit des Evangeliums verbürgt haben: im Leben und im Sterben – Menschen wie Maximilian Kolbe, Edith Stein oder Mutter Teresa, um nur einige Zeitzeugen zu nennen. Oder man denke an das Lebenszeugnis des 2002 verstorbenen Kardinals Van Thuan, der von dem kommunistischen Regime in Vietnam 13 Jahre in einem Umerziehungslager gefangen gehalten wurde, davon neun Jahre in Einzelhaft, und dessen Bewacher immer wieder ausgewechselt werden mussten, weil sie von seiner tiefen Glaubenshaltung und Lebensführung beeindruckt waren.[51] Oder der schon erwähnte Alfred Delp, ein hellsichtiger Zeitgenosse und Märtyrer im 20. Jahrhundert: *„Adoro und Suscipe sind die beiden Urworte der menschlichen Freiheit. Das gebeugte Knie und die hingehaltenen leeren Hände sind die beiden Urgebärden des freien Menschen. [...] Mensch, lass dich los zu deinem Gott hin, und du wirst dich selbst wiederhaben. Jetzt haben dich andere, sie quälen dich und erschrecken dich und jagen dich von einer Not in die andere. Das ist dann die Freiheit, die singt: uns kann kein Tod nicht töten. Das ist dann das Leben, das da ausfährt in die grenzenlose Weite. Adoro und Suscipe: Ihr Urworte des Lebens, ihr geraden und steilen Wege zu Gott, ihr Tore in der Fülle, ihr Wege des Menschen zu sich."*[52] Das Zeugnis einer Kirche, die in allen Um-und Abbrüchen auf das Heilige, auf den Heiligen par excellence hinweist, ist auch nach zweitausend Jahren noch nicht aus der Mode gekommen.

Anwaltschaft für Wahrheit, Werte und Weisheit – Plädoyer für eine prophetische Kirche

In der spätmittelalterlichen Burgkirche von Raron / Wallis (wo sich auch das Grab Reiner Maria Rilkes befindet) steht man vor dem größten Fresko der Schweiz, das die gesamte Nordwand der Kirche einnimmt: Das Bild vom Jüngsten Gericht (1512), in dem auf der Lebensseite die Gerechten von Engeln emporgeleitet werden zur himmlischen Herrlichkeit, während auf der Todesseite Teufel und Dämonen die Verdammten in Loren in den Abgrund fahren, wo sie Strafe und ewige Höllenpein erwartet. Aus einer dieser Loren schauen pikanterweise noch die Kopfbedeckungen dieser bedauernswerten Geschöpfe heraus, auch Königskronen und Mitren. Ich stelle mir vor, wie Generationen von Christgläubigen beim sonntäglichen Gottesdienst, untermalt von liturgischen Gesängen und Gebeten, befeuert von biblischen Ermahnungen und (mehr oder weniger) erbaulichen Predigten, immer wieder dieses Fresko vor Augen stand, das sie eindrücklich und eindringlich an den Ernst des Lebens gemahnte. Die nachdrückliche Botschaft: Es gibt eine letzte Gerechtigkeit, und es gibt eine höchste Autorität, vor der sich jeder einmal verantworten muss. Unser Lebenswandel und unsere Taten sind nicht folgenlos, und auch geistliche und weltliche Macht sind keine Garantie für ein ewiges Leben.
Starke Worte und Bilder aus der Tradition des Glaubens: eine zweifellos wirkungsvolle *forma mentis*, die das Denken und Handeln der Menschen, ihre Lebenseinstellung und Moralvorstellung nachhaltig geprägt und geformt haben dürfte. Über Jahrhunderte war das geschlossene Weltbild der Menschen im christlichen Abendland, ihr Lebenswandel und Wertebewusstsein von solchen Bildern und Grundwahrheiten und, zugegeben, wohl auch manchen Droh- und Höllenpredigten geprägt. Natürlich kam es da auch zu Verengungen, Verdrehungen, Vereinseitigungen, und es brauchte eine Reformation und spä-

ter eine Aufklärung, um den Glauben und das Denken in die Freiheit hinauszuführen. Aber dieser Freiheitsdrang führte auch dazu, sich von jener göttlichen Autorität loszusagen und die Erde, wie Nietzsche schreibt, von der Sonne loszuketten,[53] mit der Folge, unaufhörlich in das kalte und dunkle All hinauszutreiben: orientierungslos, nur dem eigenen Gewissen und der eigenen autonomen Moral verpflichtet, da man sich von der lästigen Übermutter, der Kirche, mit ihren als bevormundend und einengend erlebten Weisungen, aber auch ihrer lebensspendenden Herzenswärme und befreienden Heilszusage losgesagt hatte. Wohin also treibt eine Menschheit, die sich nicht mehr vom Wort Gottes und den Bildern des Heils prägen lässt, und wie finden wir im digitalen Zeitalter angesichts der einstürmenden Wort- und Bilderflut und unter dem Eindruck einer alle Lebensbereiche bestimmenden Kommerzialisierung und einem von Hedonismus und Individualismus bestimmten Lebensgefühl zu einem neuen Wertebewusstsein und zu gültigen und wirksamen Formen der Wertevermittlung, die sich aus dem Geist des Christlichen speisen?

Dem Volk, dessen Herz weit weg ist von seinem Gott, ob in entschiedener Abkehr oder desinteressierter Gleichgültigkeit und abdriftender Oberflächlichkeit, drohte Gott einst durch den Propheten Amos die schlimmste aller denkbaren Strafen an: den Entzug seines Wortes. *„Seht, es kommen Tage – Spruch Gottes des Herrn –, da schicke ich den Hunger ins Land, nicht den Hunger nach Brot, nicht den Durst nach Wasser, sondern nach einem Wort des Herrn. Dann wanken die Menschen von Meer zu Meer, sie ziehen von Norden nach Osten, um das Wort des Herrn zu suchen; doch sie finden es nicht*" (Am 8,11f). Ein in der Tat erschütterndes Szenario, das der Prophet dort an die Wand malt: Es könnte sein, dass es dem Menschen an Weisung, an Orientierung und Lebensperspektive fehlt. Gott ratifiziert gewissermaßen die Entscheidung des Menschen, ihn aus seinem Leben auszublenden, verdammt zu reiner Diesseitigkeit, und das nicht nur für den Landsmann und Zeitgenossen eines Amos rd. 2600 Jahre vor Christus. Heute ist es wohl weniger der kämpferische Atheismus in der Denkrichtung eines Karl Marx oder Friedrich Nietzsche als vielmehr ein stiller Agnostizismus

und eine schleichende Gleichgültigkeit, die sich auch unter Getauften breit macht und Gott „einen guten Mann" sein lässt, der aber für die eigene Lebensgestaltung im Hier und Jetzt nichts mehr oder nur noch wenig zu sagen hat – und wenn doch, dann nach eigenem Gusto, zugeschnitten auf die eigenen Bedürfnisse. Doch *„wer heute den Zeitgeist heiratet, ist morgen schon ein Witwer"*, so wird schon Hans Urs von Balthasar zitiert. Wer jedem Trend hinterherläuft und auf jeder neuen Welle mitschwimmt, wird notgedrungen oberflächlich und dessen Handlungskriterien werden schnell beliebig.
Da ist es bezeichnend, dass offensichtlich die klassischen Tugenden eine Renaissance erleben, allen voran jene des Maßhaltens, *temperantia*, da die Maßlosigkeit an den Börsen und Finanzmärkten ihr wahres Gesicht zeigt und die Todsünde der Habgier selbst eine Weltwirtschaftsordnung ins Wanken bringt. Es mutet fast schon archaisch an, sich in solchen Zeiten den Luxus des Nachdenkens zu gönnen und bei aller Hyperaktivität und Geschäftigkeit das eigene Tun ganz grundsätzlich in Frage zu stellen: *„Gibt es auf Erden ein Maß?"* (Hölderlin). Die Kirche bewahrt in ihrer Tradition und Verkündigung diesen Maßstab, den Jesus Christus vorgegeben und in Wort und Weisung selbst vorgelebt hat, und sie tut gut daran, auch wenn ihre Botschaft offenkundig nicht überall Gehör findet. Die stimulierenden Regeln des Wettbewerbs und des Konkurrenzdenkens, besser zu sein als der andere: cleverer, schneller, erfolgreicher, sind zwar Motivation, Leistungsanreiz und Antrieb für jede Art von Entwicklung und Fortschritt. Doch keiner fragt, wohin wir denn fortschreiten und ob wir dort überhaupt ankommen wollen. Fragen stört, verunsichert, bringt aus dem Rhythmus. *„Halt an, wo laufst Du hin!"* (Johannes Bours). Denn die Schnelligkeit des Laufens sagt noch nichts über die Richtung und die Richtigkeit des Agierens. Es gibt schließlich auch das geistlose (Mit-)Laufen: mit Volldampf im Leerlauf.
Doch stimmt die Richtung und stimmt das Maß? Die Frage stellt sich sowohl auf der persönlich-existentiellen Ebene wie im gesellschaftlichen und globalen Kontext. Man erwartet von der Kirche eine Antwort, gerade unter dem Eindruck der Aufgeregtheit und Kurzatmigkeit einer marktschreierischen Medien-

gesellschaft, in der die Menschen mit Sinndeutungen und Heilsangeboten überschüttet werden. Doch es scheint beileibe nicht ausgemacht, dass die erschlagende Fülle an Problemlösungsangeboten auch tatsächlich in die Weite und in die Freiheit führen, zu einem Mehr an Identität und Integrität, zu größerer Verantwortung und reflektiertem und menschlich reifem Verhalten. Hier braucht es die Weisung „von oben" und die Weisheit der Kirche, die sich aus der Quelle ihrer *traditio, der* schöpferischen Glaubensweitergabe, speist.
Was die Kirche und die Christen auch heute einbringen und zur Sprachen bringen müssen, ist die große Perspektive, die über das Hier und Jetzt hinausgeht, die Bestimmung des Menschen und der Heilswille Gottes – *sub specie aeternitats*, im Blick auf die Ewigkeit, aber auch mit Relevanz für die Gegenwart, mit dem langen Atem einer zweitausendjährigen Geschichte, die schon vieles hat kommen und gehen sehen. Man wirft der Kirche gelegentlich vor, sie denke in Jahrhunderten, und darum halten sie manche auch für ewig gestrig. Aber manchmal ist es doch von Vorteil, in größeren Zusammenhängen zu denken. Das bewahrt vor Kurzatmigkeit und aufgeregtem Aktionismus. Christlicher Glaube und christentümliche Werte, wie sie über Jahrhunderte auch als kulturelle Faktoren stilbildend geworden waren für das Zusammenleben der Menschen, sind gewissermaßen der Motor unserer Gesellschaft, damit wir auch weiterhin gut fahren. In dieser Hinsicht kann die Bedeutung der Katholischen Soziallehre, deren Prinzipien nicht bloße Theorie, sondern bewährte Praxis sind und maßgeblich zu sozialer Gerechtigkeit und Befriedung beigetragen haben, kaum überschätzt werden. Dabei kommt es bis in die aktuellen gesellschaftspolitischen Fragestellungen immer wieder darauf an, die Balance von Solidarität und Subsidiarität zu halten und sowohl eine paternalistische Schieflage zu vermeiden als auch einem neoliberalen Gesellschaftsmodell der sozialen Kälte zu wehren, in dem jeder seines Glückes Schmied ist. In ihrer Anwaltschaft für die Würde des Menschen kommt der Kirche in individual- wie sozialethischer Perspektive gerade für das menschliche Zusammenleben auch heute eine prophetische, richtungsweisende Aufgabe zu, im Blick auf wahre Weisheit und zeitlos

gültige Werte, die es selbstbewusst und demütig zugleich in den gesellschaftlichen Diskurs einzubringen gilt. Es mag bisweilen so scheinen, dass andere ohne diesen ethischen Bezugsrahmen und seine Handlungsimpulse schneller und einfacher durchs Leben kommen und dass andere, vom Christentum und christlichen Wertmaßstäben unberührte Nationen sich im globalen Wettbewerb Vorteile verschaffen. Auf Dauer allerdings zahlt sich ethisch verantwortliches, christlich motiviertes Handeln für das persönliche wie das gemeinschaftliche Leben aus; darauf verweisen nicht nur Sozialethiker und Glücksforscher, sondern auch Sozial-, Wirtschafts- und Politikwissenschaftler. Das mag nicht immer sofort aufleuchten, erst recht nicht in Krisenzeiten, doch „*an der Wurzel der aktuellen Krisensituation, die der europäische Kontinent erlebt, liegen nicht nur die ernsten Probleme, die die wirtschaftlichen und finanziellen Systeme plagen. Vielmehr wird sie durch das Fehlen einer anthroplogischen und sozialen Vision verschärft.*"[54] Dafür muss die Kirche, müssen die Christen in allen gesellschaftlichen Bezügen auch heute und morgen einstehen.

Anwaltschaft für das Leben – Plädoyer für eine diakonische Kirche

„*Nach der beklagten ‚Vertröstung auf das Jenseits' hat sich*", so der frühere Wiener Pastoraltheologe Paul Michael Zulehner, „*eine ‚Vertröstung auf das Diesseits' breit gemacht. Den Lebenssinn sehen die Zeitgenossen darin, das Beste herauszuholen. Optimal leidfreies Glück wird gesucht ... grenzenloses Glück in minimaler Zeit.*"[55] Dem Menschen, der sich von der Perspektive eines ewigen Lebens verabschiedet hat, bleibt nur noch dieses „*Leben als letzte Gelegenheit*"[56]. Aber dieses Leben ist begrenzt und bedroht. Doch was ist, wenn es ums Ganze geht? Wenn alles auf dem Spiel steht? Wenn es nicht mehr weiter geht? Wer sagt, was gilt, was trägt, was weiterhilft in Zeiten der Krise, der Enttäuschung und Ernüchterung? „*Selbst in reichen Gesellschaften kann morgen jeder von uns überflüssig werden. Wohin mit ihm?*"[57], so die bissige Anfrage Hans Magnus Enzensbergers, der das Gefühl existentieller Verunsicherung vie-

ler Zeitgenossen prägnant auf den Punkt bringt. Mit dem Gewahrnehmen der Gefährdung unseres selbstdesignten Lebens wächst die Frage nach verlässlichen Koordinaten, nach einer Verankerung der eigenen Existenz über das Heute hinaus. Lebensdeutung ist gefragt: Lebensberatung und Lebensweisheit, die sich aus Erfahrung speist, aus der Tradition.
Wenn unsere Gegenwart einmal aus der Distanz der Jahrhunderte betrachtet und beurteilt wird, so vermute ich, wird die Kirche unserer Tage vielleicht als einzige institutionelle Größe aufleuchten, die uneingeschränkt und konsequent auf allen Ebenen für das Leben und seine Würde eingetreten ist, vom Anfang bis zum Ende, ob in Fragen der Bioethik, etwa der Stammzellenforschung oder der Präimplantationsdiagnostik zur „Vermeidung" vermeintlich unwerten, weil behinderten Lebens, bis hin zum Schutz des menschenwürdigen Sterbens, in ihrer entschiedenen Haltung gegen Abtreibung und jede Form der Euthanasie. In einer Gesellschaft, in der wissenschaftliche Allmachtphantasien (und kommerzielle Interessen) den Wunsch nach dem Designerbaby beflügeln und den überflüssigen und teuren Alten die dezente Selbstentsorgung auf dem Weg des vermeintlich humanen Sterbens nahe legen, gibt es keine andere Institution, die so entschieden und nachhaltig seit 2000 Jahren für das Leben eintritt wie die Kirche. Ob man an die Versorgung der Witwen und Waisen noch zu apostolischer Zeit denkt, den kirchlich organisierten Freikauf von Sklaven, die Entstehung christlicher Hospize und Heime in einer Zeit, in der Kranke und Behinderte marginalisiert und ausgegrenzt wurden ..., bis hin zu den zahllosen Missions- und Hilfswerken und kirchlich-caritativen Einrichtungen in unseren Tagen. Durch die Jahrhunderte hindurch hat das Christentum eine Leuchtspur tätiger Nächstenliebe hinterlassen – echte und wirksame *„Verkündigung ohne Worte"*[58], lichtvolles Zeugnis der Menschenfreundlichkeit Gottes.
Kirche besitzt zweifellos eine zweitausendjährige Kompetenz für gelingendes Leben, die auch von Menschen akzeptiert und angefragt wird, die dem christlichen Bekenntnis gleichgültig oder ablehnend gegenüberstehen. Gerade in Krisenzeiten und Konfliktfällen steht sie tatkräftig auf der Seite des Lebens, auch

wenn die Konsequenzen unbequem und folgenschwer sind. Wo die Gesellschaft mit Krankheit und Tod nichts anzufangen weiß und der Trend zur anonymen Bestattung zunimmt, ist die kirchliche Präsenz angefragt, deren Lebensdeutung, Lebensberatung und Lebensbegleitung insbesondere an den Knotenpunkten des Lebens und nicht zuletzt in ihren Sakramenten in Anspruch genommen wird: Ritendiakonie, Zusage der liebenden Nähe Gottes, der ein Gott des Lebens ist.
Exemplarisch sei in diesem Zusammenhang an das Altern und Sterben *Papst Johannes Pauls II.* vor den Augen der Weltöffentlichkeit erinnert, schließlich auch an die bewegenden Bilder der Beisetzungsfeierlichkeiten nach seinem Tod. Unvergessen die nicht enden wollenden Schlangen geduldig wartender Menschen, die stundenlang anstanden, um dem aufgebahrten Papst die letzte Ehre zu erweisen. Zum großen Erstaunen der Weltöffentlichkeit mussten die Medien über den Ansturm vorwiegend junger Christen berichteten, die spontan aus aller Welt nach Rom geeilt waren, um persönlich von „ihrem" Papst Abschied zu nehmen: Jugendliche, die vielleicht nicht in allem nach dem gelebt haben, was ihnen der Papst anvertraut und zugemutet hatte, der aber für sie authentisch war und mit der Integrität, ja Heiligkeit seines Lebens(zeugnisses) vielen Orientierung und Wegweisung gab.
Überhaupt die Gestalt Johannes Pauls II., unbeirrt in seinen Überzeugungen und willensstark in seiner Krankheit, eine Provokation für eine in weiten Teilen von Auswahlmentalität und Jugendlichkeitskult gezeichnete Gesellschaft. Wie kein anderer hat sich dieser gebeugte und gebrechliche Papst nicht einfach aus dem öffentlichen Leben zurückgezogen, sondern hielt an seiner Mission fest und ist so für viele ein Symbol für die Würde und den Wert des Alters und des Alterns geworden. *„Ja, zu seinem Dienst gehörte auch jene ‚allerletzte' Predigt – dieses machtlose Röcheln und Winken aus dem Fenster, ... jenen bereits wortlosen Gestus, der ihn einreiht in die Vertreterschaft derjenigen, die in unserer Welt ‚keine Stimme haben'."*[59] Gegenüber einer „Zivilisation des Todes", wie er sie nannte, die die Würde des Menschen und die Unantastbarkeit des Lebens in Frage stellt, hat er mit Nachdruck eine „Kultur der Liebe" eingefor-

dert und vorgelebt. Dass diese Botschaft verstanden und respektiert wurde, auch wenn sein kompromissloses Eintreten für Lebensschutz und Armutsbekämpfung, für Gerechtigkeit und Frieden manchem ein Dorn im Auge war, zeigte sich nicht zuletzt bei seinem Begräbnis: ein schlichter, unscheinbarer Holzsarg mit dem aufgeschlagenen Evangelienbuch auf dem weiten, mit mehreren hunderttausend Menschen angefüllten Areal des Petersplatzes, davor die Mächtigen der Welt, in ihrer Bedeutsamkeit auf die Würde von schlichten Gottesdienstteilnehmern beschränkt. Ist nicht auch hier das Aufleuchten der Herrlichkeit unübersehbar? Das uneingeschränkte Eintreten der Kirche in ihrer Anwaltschaft für den Menschen und seine unverlierbare Würde, jenseits aller kommerziellen und partikularen Interessen, wird weltweit geschätzt und anerkannt; ihre Vermittlungsdienste werden (oft hinter verschlossenen Türen und auf unterschiedlichen Ebenen) in Anspruch genommen. Ein Lichtblick für die Menschheit.

Anwaltschaft für das Erbarmen Gottes – Plädoyer für eine barmherzige Kirche

Noch ein weiteres Bild aus dem vorletzten Pontifikat drängt sich auf, das es sogar bis auf die Titelseite des Time Magazine gebracht hat (9.1.1984). Es zeigt Johannes Paul II., der seinem Attentäter, Mehmed Agca, in dessen Gefängniszelle die Hand reicht. Darunter die Titelzeile: "*WHY FORGIVE? The Pope pardons the gunman*" – „*WARUM VERGEBEN? Der Papst verzeiht dem Amokschützen.*" Und unter der Überschrift: „*Eine Lektion der Vergebung für eine aufgewühlte Welt*"[60] heißt es in der Cover Story, dem Leitartikel: „*In einem außerordentlichen Moment der Gnade wurde die Gewalttat auf dem Petersplatz verwandelt. ... Es war das aufsehenerregende Drama der Vergebung und Versöhnung.*"[61] Am Ende des Gesprächs küsst Agca den Ring des Papstes und führt dessen Hand an seine Stirn, eine muslimische Geste des Respekts. – Die ganze Welt nimmt bewegt Anteil daran.

Menschlichkeit bekommt ein Gesicht, wo Schuld eingestanden und vergeben wird. Aus psychologischer Sicht ist die Fähigkeit zu vergeben die wirkungsvollste Weise des Umgangs mit Wut und Ärger.[62] Der Entschluss zu vergeben ist vor allem ein Akt, mit sich selbst barmherzig zu sein. Denn wenn Ärger nicht gelöst wird, dauert er fort und verursacht spirituelle, emotionale und physische Selbstzerstörung. Dabei besteht die größere Herausforderung oft darin, sich selbst zu vergeben und sich gerade auch da anzunehmen, wo man von sich selbst enttäuscht ist und das Idealbild des eigenen Selbst durch das eigene Handeln konterkariert hat. Doch die Kunst der Vergebung, so schwierig sie im Leben umzusetzen ist, auch sich selbst gegenüber, ist der Schlüssel zu emotionaler Gesundheit, innerem Friede, geistlichem Wachstum und zur Heilung gebrochener Beziehungen. Der Weg dorthin ist oft harte innere Arbeit, denn die Fähigkeit zur Vergebung ist nicht angeboren, sondern will gelernt werden, und das oft über einen langen Prozess, der alle Kräfte des Menschen erfordert: Verstand, Emotionen, Gedächtnis (Erinnerung) und Wille. Dazu braucht es nach Maslow Modelle und Vorbilder, aber auch Herausforderungen.[63]

Genau dies lernt man in der Schule des Christentums. Denn was aus psychologischer Sicht vernünftig erscheint, läuft unserer Natur doch scheinbar zuwider, die auf das Recht des Stärkeren pocht und nach Vergeltung schreit. Seit zweitausend Jahren arbeitet sich die Menschheit dagegen an der steilen jesuanischen Vorgabe der Feindesliebe ab und müht sich um jenen so elementaren Reifesprung: *„Ich aber sage euch: Leistet dem, der euch etwas Böse antut, keine Widerstand ... Liebt eure Feinde und betet für die, die euch verfolgen"* (Mt 5,38.44). Vielen mag das als übermenschliche Idealisierung erscheinen, anderen als strukturelle Überforderung. Aber wie es scheint, hat Jesus dies durchaus ernst gemeint. Leuchtende Beispiele und Vorbilder für diesen radikalsten Schritt der Versöhnung finden sich in der Schrift (vgl. Apg 7,54-60) wie in der Kirchengeschichte (Martyrologien). Vor allem aber ist es Jesus selbst, der noch im Sterben seinen „Todfeinden" vergibt: *„Vater, vergib ihnen, denn sie wissen nicht, was sie tun"* (Lk 23,34). Er bringt in seiner Person zur Vollendung, wozu er seine Jünger – nicht nur damals! – in der Vater Unser-Bitte angehalten hat: *„Vergib uns unsere Sünden, wie auch wir vergeben unseren Schuldigern"* (vgl. Mt 6,12).

Es wird zum Standardgebet des Christen, damit (eigentlich) auch zur Standardübung: im eigenen Leben einzulösen, wozu er sich in frommer Andacht vor dem himmlischen Vater verpflichtet. Und dies mit himmlischer Konsequenz: *„Denn wenn ihr den Menschen ihre Verfehlungen vergebt, dann wird euer himmlischer Vater auch euch vergeben"* (Mt 6,14). Man mag die Weisung Jesu deuten, wie man will: Der Christ ist einer, der aus der Vergebung Gottes lebt und seinerseits sein Einverständnis und die Bereitschaft erklärt, auch anderen zu vergeben, *„nicht siebenmal, sondern siebenundsiebzigmal"* (Mt 18,22). Darin liegen die Essenz der Heiligen Schrift und das Wesen des Christentums. In seinem Lebenszeugnis, seiner Vergebungsbitte an den Vater noch in der Stunde des Todes ist Jesus Maßstab und Maßgabe für das Leben der Christen: *„Lasst euch mit Gott versöhnen!"* (2 Kor 5,20). Nur so lässt sich dann auch in versöhnter Verschiedenheit leben – in dem Frieden, den nur Gott schenken kann.

Vergebung ersetzt allerdings nicht Gerechtigkeit und meint auch nicht schlichtes Vergessen. Im Gegenteil. *„Barmherzigkeit hebt die Gerechtigkeit nicht auf, sie ist vielmehr die Fülle der Gerechtigkeit."*[64] Man denke an die eindrucksvolle Arbeit der Versöhnungskomitees in Südafrika oder Ruanda zur Aufarbeitung der Vergangenheit, wo das Bekennen und Benennen für begangenes und erlittenes Unrecht die Voraussetzung und Bedingung für Vergebung ist. Nur so wächst Friede. *„Gerechtigkeit ohne Barmherzigkeit ist Grausamkeit; Barmherzigkeit ohne Gerechtigkeit ist die Mutter der Auflösung"*[65]; das gilt sozial- wie individualethisch. Psychologisch gesehen bleibt das Opfer von Gewalt solange in der Opferrolle gefangen und wird seinen inneren Frieden nicht finden, als es sich nicht von dem Schatten des Täters befreit und ihm vergibt. Doch woher kommt die Kraft zur Vergebung in einer Welt, in der Schuld aufgerechnet und das alttestamentliche „Auge um Auge" (Ex 21,24) zum Prinzip politischen (und oft auch militärischen) Handelns erhoben wird? Christen beten um die Kraft, vergeben zu können. Wer in der Tiefe seiner Existenz erfahren hat, dass er sich selbst nicht von seiner Schuld reinwaschen kann, sondern jenes erlösenden Wortes der Vergebung bedarf, dem

wachsen auch (geistliche) Kräfte zu, dieses erlösende und befreiende Wort der Vergebung weiterzutragen.
Jenes hehre Ideal vor Augen stellt sich allerdings die Frage, wie die Jünger Jesu und die Gemeinschaft der Kirche mit dieser Maßgabe Jesu umgegangen sind. Die Geschichte des Bußinstituts ist auch ein Lehrstück der Anwaltschaft für die Barmherzigkeit Gottes, wie die Kirche durch die Jahrhunderte immer wieder lernen musste, angemessen, konstruktiv und evangeliumsgemäß mit dem umzugehen, was eigentlich nach der Erlösungsordnung gar nicht vorgesehen war: dass auch der in Christus erneuerte und erlöste Mensch schwach sein und in Sünde fallen könne.
Die Entwicklung des Bußinstituts belegt ein jahrhundertelanges Ringen um den Weg der Barmherzigkeit, ohne das Ideal herunterzubrechen oder sich dem Zeitgeist anzubiedern. Schon in apostolischer Zeit war eigentlich undenkbar, dass die, die in der Taufe „Erleuchteten" – *neophotismoi* – und von allen Sünden Reingewaschenen überhaupt je wieder sündigen könnten. Wer trotzdem in den Zustand der Sünde zurückgefallen war, der war dem Strafgericht Gottes verfallen – was dazu führte, dass sich die Bekehrten möglichst spät, am besten erst auf dem Sterbebett taufen ließen (so z. B. Kaiser Konstantin). So kam es in den ersten Jahrhunderten zu schweren theologischen Auseinandersetzungen, wie man mit rückfälligen Christen umgehen sollte, die unter dem Druck der Verfolgung schwach geworden waren: eine Gratwanderung zwischen Laxismus und Rigorismus, wobei sich im Letzten die Anwaltschaft für die größere Barmherzigkeit als der Königsweg herausgestellt hat.[66] So sah sich schon die frühe Kirche genötigt, an dem großen Ideal eines „engelgleichen" Lebens festzuhalten, dabei aber doch Rücksicht auf die Fehlbarkeit und Schwachheit der Menschen zu nehmen. In der weiteren Entwicklung kam es zur sog. Exkommunikationsbuße, wonach der Pönitent von der Gemeinschaft ausgeschlossen wurde, bis er das ihm auferlegte, oft sehr harte und langwierige Bußwerk abgeleistet hatte und vom Bischof und der kirchlichen Gemeinschaft wieder aufgenommen wurde. Auch diese Form der Buße war nur einmal im Leben möglich, was sich in der Praxis ebenfalls nicht durchhal-

ten ließ. So setzte sich im Mittelalter dann schließlich die heutige Form der mehrmaligen (jährlichen, so das Laterankonzil 1215) Beichte durch, bei der der ekklesiologische Charakter zurücktrat und es mehr um die persönliche, spirituelle und sittliche Lebensführung ging.[67]

In dieser Hinsicht erweist sich die Geschichte der Kirche auch als eine zweitausendjahrealte Barmherzigkeits- und Versöhnungsgeschichte, in der das große Ideal der Vollkommenkeit – *„Seid vollkommen, wie euer Vater im Himmel vollkommen ist!"* (Mt 5,48) – immer wieder auf das Maß menschlicher Unvollkommenheit heruntergebrochen werden musste. Die Maßgabe Jesu, eine Entsprechung zum alttestamentlichen Heiligkeitsgebot (Lev 19,1) und zugleich Anforderungsprofil des Christen, gilt zu aller Zeit, aber ebenso auch die barmherzige Rücksichtnahme auf die Unvollkommenheit des Menschen: *„Seid barmherzig, wie es auch euer Vater ist!"* (Lk 6,36). In diesem Sinn bietet der Blick auf die Entwicklung des Bußinstituts Perspektiven, um auch den heutigen Christen in ihrem Bemühen, aber auch in ihrem Scheitern das Evangelium von der Barmherzigkeit Gottes je neu in ihre Lebensgeschichte hineinzubuchstabieren und mit ihnen den Weg der Versöhnung zu gehen: Kirche als Anwältin, aber auch Repräsentantin der Barmherzigkeit Gottes. Der Nachfolger des Petrus hat diesbezüglich die Schlüsselgewalt, die ihm vom Herrn der Kirche anvertraut ist: *„was du auf Erden löst, wird auch im Himmel gelöst sein"* (Mt 16,19).[68] Er wird nicht leichtfertig damit umgehen, aber den Menschen auch keine Lasten auferlegen, die sie nicht tragen können. Plädoyer für eine barmherzige Kirche. Doch ist die Frage, ob sich die Menschen von ihrer Kirche überhaupt noch Verständnis für ihre Lebenssituation und die Brüche in ihrem Leben erwarten und auf die Kraft der Vergebung im Namen Gottes hoffen – oder ob sie nicht längst, oft auch aus Enttäuschung oder Verbitterung, eigene Wege der Schuldverdrängung oder -verarbeitung beschritten haben. Keine Frage: Das Bußsakrament ist in der Krise, gelinde ausgedrückt. Klöster und Wallfahrtsorte mögen noch Zufluchtsorte für Beichtwillige sein, und es mag durchaus noch regionale Unterschiede geben, doch aufs Ganze gesehen herrscht in den Gemeinden, wo frü-

her lange Schlangen vor den Beichtstühlen standen, gähnende Leere – wenn das Bußsakrament überhaupt noch angeboten wird. Die klassische „Ohrenbeichte" ist weithin tot, und die Kirche wird sich kritisch fragen müssen, ob sie nicht zu lange die Form gewahrt, aber den eigentlichen Inhalt und Wert dieses Sakraments, den Schatz der Vergebung, fahrlässig formalisiert, geistlich entleert und damit aus den Händen gegeben hat. Mit fatalen Folgen.
Aber es gibt auch die gegenläufige Bewegung. Wer etwa in Taizé ist, kann beim abendlichen Gebet beobachten, wie sich einige der Brüder – die meisten Mönche sind dann bereits ausgezogen – im Gottesdienstraum verteilen. Sie stehen da inmitten der jungen Leute, begleitet von ihrem Gebet und meditativen Gesang, und sind einfach ansprechbar. Dann kann es sein, dass einzelne Jugendliche aufstehen und das Gespräch mit ihnen suchen. Worüber sprechen sie? Vielleicht über eine Frage, eine Sorge, ein Problem, eine Schuld? Spiegelt sich darin nicht eine Grundform der Beichte: Gott das eigene Leben hinzuhalten, sich einem geistlichen Vater oder Bruder anzuvertrauen und aus der Kraft der sakramentalen Vergebung neu ins eigene Leben entlassen zu werden, getragen vom Gebet der ganzen Kirche. In dieser Form erlebt die Beichte, gerade unter den Jugendlichen und den (post)modernen „Pilgern und Konvertiten" unserer Zeit, eine Renaissance, nicht nur auf Weltjugendtagen und in Jugendgebetsgottesdiensten. Dass die Menschen wieder verstärkt das Gespräch mit dem Priester suchen, auch mit der Bitte um sakramentale Lossprechung, geschieht natürlich auch abseits geistlicher Großveranstaltungen, meist im diskreten persönlichen Glaubens- und Beichtgespräch. Menschen, die heute neu mit Gott anfangen, zum ersten Mal oder nach Jahren äußerer und innerer Entfremdung, entdecken diesen Schatz der Kirche, dessen Kostbarkeit wir viel zu wenig zu schätzen wissen und den wir in der Pastoral der Kirche oft sträflich vernachlässigen. Dem eine neue Priorität einzuräumen, erfordert allerdings nicht nur eine zeitliche Investition; das verlangt insbesondere von den Geistlichen eine große geistliche Sensibilität und Disponibilität, Frucht einer persönlichen Spiritualität. Auch sie können schließlich nur das weiter-

geben, was sie selbst empfangen haben. Denn „*der Beichtvater ist weder Vernehmungsbeamter noch Richter, und er ist ja auch kein Psychotherapeut. Mit einem Psychologen verbindet ihn eigentlich lediglich eine kleine Wegstrecke. Die Menschen kommen zum Beichtvater in der Erwartung und mit der Hoffnung, dass er ihnen mehr bietet als das, was sich aus seinen menschlichen Fähigkeiten, seiner Fachausbildung und praktischen ‚klinischen' sowie persönlichen Lebenserfahrungen ergibt, dass er Worte findet, deren Sinn und heilende Kraft aus derjenigen Tiefe hervorströmen, die wir gemeinhin mit ‚Sakrament', mit mysterion – Heilsgeheimins – bezeichnen.*"[69]

Wer existentiell erfahren hat, was es heißt, „*deine Sünden sind dir vergeben*" (Mk 2,5) – ein Wort, das wie ein cantus firmus die Heilungs- und Begegnungsgeschichten Jesu durchzieht –, der mag in sich auch die Kraft finden, seinerseits zu vergeben und damit im umfassenden Sinn „Heil" zu schenken; und wer vergeben kann, erfährt am tiefsten in sich selbst das „Geschenk des Friedens" – „the gift of peace", wie Kardinal Bernardin[70] von Chicago seine geistliche Erfahrung in einer bewegenden Autobiographie beschrieb: am Ende eines langen inneren Kampfes seinem Ankläger zu vergeben, der ihn öffentlich des sexuellen Missbrauchs bezichtigt hatte; aus niederen Motiven, wie sich später herausstellte.

4. Glänzende Aussichten – der Ort der Kirche

Der Weg der Kirche ist der Mensch[71], und in ihrer Anwaltschaft für die Menschen, ihre „*Freude und Hoffnung, Trauer und Angst,... besonders der Armen und Bedrängten aller Art*" (GS 1) trägt die Kirche die Leidenschaft Gottes für den Menschen hinein in Raum und Zeit und ist und wird so „*Heilszeichen für die Welt*" (vgl. LG 1;48) Die hier nur andeutungsweise skizzierte Zukunftsperspektive einer Kirche, der aus der Rückbesinnung auf ihren Ursprung die Kraft zuwächst, die machtvolle Gegenwart des Herrn zu bezeugen und solidarisch den Weg der Menschheit mitzugehen, eröffnet mehr als nur ein intelligent konstruiertes Hoffnungsszenario. Auf diesem Weg kommt sie

zugleich mehr zu sich selbst: gottgeweiht und welt(zu)gewandt. Die angedeutete Anwaltschaft der Kirche für das Heilige, die Wahrheit, das Leben und die Barmherzigkeit korrespondieren nicht nur mit den Suchbewegungen der Postmoderne, sie entspricht auch dem Wesen der Kirche in ihren Grunddiensten von Liturgia, Martyria und Diakonia. Es sind zugleich die Orte, an denen die Menschen mit der Kirche und in ihr mit Gott selbst in Berührungen kommen – so wie zur Zeit Jesu alle ihn berühren wollten, *„denn eine Kraft ging von ihm aus, die alle heilte“* (Lk 6,19; vgl. Mk 3,10; 6,56).
Es bedürfte einer weiteren Skizze, um zu beleuchten, wie die Kirche an diesen Orten ihrer konstitutiven Anwaltschaft aufgestellt ist; ob sie so lebt, dass in ihr jenes Gottesleuchten auch erfahren werden kann. Es wären zugleich auch die Wachstumsorte, an denen das „Wort“ wie zu Beginn der Kirchengeschichte sich ausbreiten und die Kirche einem neuen Pfingsten entgegenführen könnte.
Dies muss nicht nur, wie sich aus dem Dreiklang der Wesensdimensionen und Grunddienste der Kirche ergibt, in ihren liturgischen und sakramentalen Vollzügen zum Tragen kommen. Nur eine geistliche Kirche, in Einheit und Liebe zusammengefügt, in der das prophetische Wort die einzelnen Glieder der Gemeinde aufbaut (vgl. 1 Kor 12ff), kann auch für Außenstehende in ihrer Mitte den Erfahrungsraum für die Gegenwart Gottes erschließen: Wenn dann *ein „Ungläubiger oder Unkundiger“* hinzukommt, so beschreibt Paulus seine Gemeinde- und Gottesdiensterfahrung, wird das Innerste seines Herzens aufgedeckt, seine geheimsten Wünsche, Sehnsüchte, aber auch Ängste, Schuld und Sorgen, *„und er wird sich niederwerfen, Gott anbeten und ausrufen: ho theos en hymin estin – „Gott ist in euch“ bzw. „Gott ist unter euch!“* (1 Kor 14,25). Eine (Gottesdienst-)Gemeinde, die so miteinander in Gott verwurzelt ist, wird so auch zum Ort der Gottesbegegnung.
Es gibt diese Erfahrungen auch heute, wo Nichtglaubende oder Nicht-glauben-Könnende an den Knotenpunkten des Lebens, in Lebensentscheidungen und Lebenskrisen, bei Geburt und Tod die liebevolle Präsenz der Kirche und den in ihr zugesprochenen Segen und die heilende Kraft Gottes erfahren. Es

wäre an der Zeit, dieses Gottesleuchten auf den Leuchter zu stellen!
Aber Kirche – und nicht nur ihre Dienstleistung – lässt sich auch in ihrer Verkündigung, in ihren Bildungseinrichtungen erfahren, vorausgesetzt, die Bildungsträger wissen um die kirchliche Dimension ihres Berufs (ihrer Berufung!) als „Heilszeichen für die Welt", angefangen vom Kindergarten und den konfessionellen Schulen (bzw. dem schulischen Religionsunterricht) bis hin zu katholischen Hochschulen, Akademien, Studienstiftungen, Erziehergemeinschaften etc. Es ist doch bezeichnend, dass Eltern, die für ihre Kinder ja das Beste wollen, alles daran setzen, um ihre Kinder auf einer katholischen Schule anzumelden, auch wenn sie selbst ihren Glauben nicht oder nur selten praktizieren. Es wird vom Schulprofil, dem „Geist" der Schule, aber konkret von der Einstellung und dem Verhalten der Lehrer und Lehrerinnen abhängen, ob nur Wissen vermittelt oder die Schulgemeinschaft zum Ort einer nachhaltigen und lebensprägenden Kirchenerfahrung wird. Hier kommt es neben der expliziten Wortverkündigung vor allem auf die kulturprägende Kraft des Evangeliums an, auf das machtvolle „Zeugnis ohne Worte", das aber das Interesse wachruft und die Frage nach dem lebensdeutenden Wort aufwirft.[72] In diesem Zusammenhang ist vielleicht der sachdienliche Hinweis auf die Ordensgemeinschaften in den USA erlaubt, deren kaum zu überschätzendes Verdienst zweifellos darin besteht, dass sie über die letzten 100-150 Jahre konsequent ihre Schulen und Colleges zu Universitäten ausgebaut und im Geist ihrer Ordensgründer beseelt haben. Man kommt derzeit auf die stolze Zahl von rd. 220 Colleges mit mehreren hunderttausend Studierenden, die auf dem Campus wohnen und in dieser Lebenswelt (mehr oder weniger) den Geist des Christlichen atmen. Es sind die wohl prägendsten und lebensentscheidenden Jahre, die ein Heranwachsender auf dem Campus einer Katholischen Universität verbringt. Hier liegt sicher ein Erfolgsgeheimnisse der Kirche in den USA, um das sie auch die Kirche hierzulande ungeschmälert beneiden dürfte.
Ein besonderer Ort der Berührbarkeit Gottes in seiner Kirche schließlich ist zweifellos dort, wo der Mensch an seine Grenzen

kommt und in seiner Bedürftigkeit auf den Beistand und die Hilfe anderer angewiesen ist. Hier steht die kirchliche Dienst- und Wertegemeinschaft in den caritativen Einrichtungen den Menschen besonders nahe: in Krankenhäusern und Altenheimen, Behinderteneinrichtungen und Kinderhäusern, Sozialstationen und Beratungsstellen ... Doch erschöpft sich die kirchliche Präsenz nicht in der optimalen medizinischen Versorgung und pflegerischen Betreuung des kranken und hilfs- und pflegebedürftigen Menschen. Maßstab für das professionelle Handeln im Geiste Jesu Christi ist die Liebe, mit der er sich den Menschen seiner Zeit zugewandt hat und die durch die Jahrhunderte das „Markenzeichen" seiner Kirche geworden ist, gerade auch in den vielfältigen Ordensgemeinschaften im Dienst tätiger Nächstenliebe. Die liebvolle Zugewandtheit zu den Menschen, besonders den Armen, Kranken, Bedrängten, ist wohl die unmittelbarste und intensivste Weise der Gottesbegegnung; denn die Liebe ist „die *Magna Charta* allen kirchlichen Dienens" (Papst Benedikt XVI., DCE 34). Damit stellt sich den kirchlichen Dienstgemeinschaften, etwa in caritativen Einrichtungen, die Herausforderung, ihren Dienst als Wesensvollzug tätiger Nächstenliebe zu verstehen und so zu Lernorten des Kirche-Seins und kirchlicher Identität zu werden. Wenn heute immer weniger Menschen den „Weg zur Kirche" als dem Ort gottesdienstlichen Handelns finden, so müsste umso mehr denen, die als Glied und im Auftrag der Kirche zu den Menschen unterwegs sind, das Bewusstsein wachsen, dass sie an den Grenzorten menschlicher Bedürftigkeit die Kirche repräsentieren und in ihrem Reden und Handeln durchlässig werden für die Begegnung mit Christus. Das klingt nach einer überzogenen Spiritualisierung der kirchlichen Dienstgemeinschaft, die aber in sich die Berufung und Bestimmung trägt, Ausfluss des menschenfreundlichen Handelns Gottes zu sein und damit zum Ort der Berührbarkeit der Kirche zu werden. Darauf hat bereits Papst Paul VI. in seinem nachsynodalen Schreiben über die Evangelisierung in der Welt von heute hingewiesen: *„Zu diesem Zeugnis sind alle Christen aufgerufen; unter diesem Gesichtspunkt können sie alle wirkliche Träger der Evangelisierung sein"* (EN 21).

Der Ort der Kirche ist der Lebensraum der Menschen, und eben dort soll das Licht der Gegenwart Gottes aufleuchten, sichtbar in der Liebe, *„damit sie eure guten Werke sehen und den Vater im Himmel preisen"* (Mt 5,13). Den angedeuteten Orten der Gottesbegegnung im Raum der Kirche – hier entlang ihrer Grunddienste in Liturgia, Martyria, Diakonia, wird jeder weitere hinzufügen können, wo etwas von dem Gottesleuchten auch in unserer Zeit aufscheint, überall, wo zwei oder mehr Menschen sich im Geist Christi verbünden und ihren Auftrag erkennen, Heilszeichen für die Welt und unsere Gesellschaft zu sein, beginnend immer jeweils beim Nächsten. Und wann und wo immer Gott verherrlicht, das Wort verkündigt, die Liebe gelebt wird, da ist Kirche präsent und in ihr etwas von jenem göttlichen Glanz erfahrbar.

IV. Der Herrlichkeit ein Gesicht geben – den Dank vervielfachen *oder: Was Paulus wirklich wichtig ist*

Kehren wir nach dem Ausflug in die Gegenwart noch einmal zu Paulus und seiner Gemeinde in Korinth zurück: Fasziniert von einer Kirche, die sich ihrer Schwachheit nicht zu schämen braucht und die aller Begrenztheit und Dunkelheit zum Trotz bereits den Glanz der Herrlichkeit Gottes in sich trägt, können wir uns von Paulus herausfordern lassen, dem Gottesleuchten auch in unserer je konkreten Raum-Zeitlichkeit zum Durchbruch zu verhelfen. Paulus selbst lässt keinen Zweifel, wo sein Ort in dieser auf Herrlichkeit angelegten Kirche ist. Es ist die Position dessen, der zuallererst selbst Gott sein Gesicht hinhält, auf dass er von dem göttlichen Licht angesteckt, gleichsam in Brand gesteckt, dieses Licht weitergibt, es hineinspiegelt in die Gemeinde, die Gemeinde mit seinem Gottesbezug „ansteckt" und zum gemeinsamen, chorisch-polyphonalen Gotteslob anstiftet. *„Alles tun wir euretwegen, damit immer mehr Menschen aufgrund der überreich gewordenen Gnade den Dank vervielfachen, Gott zur Ehre"* (2 Kor 4,15).

Anstifter zur Danksagung, das ist die Berufung des Apostels wie jedes Jüngers, und *„in einer großartigen Bewegung wird* *gezeigt, wie die Gnade von Gott ausgeht, durch die Predigt des Evangeliums immer mehr Menschen in ihren Bann zieht und in der Form des danksagenden Gebetes, das ein gewaltiger Chor von Betern anstimmt, wieder zu Gott zurückkehrt.*"[73] Es ist dieselbe Bewegung, wie sie Deuterojesaja, der Prophet des Babylonischen Exils, zum Abschluss seines Trost- und Hoffnungsbuches beschreibt: das Wort, das von Gott ausgeht, kehrt nicht leer zu ihm zurück, sondern bewirkt, wozu es ausgesandt ist (vgl. Jes 55,11). Dazu bedient Gott sich auch zerbrechlicher Gefäße und in ihrer Leuchtkraft begrenzter Gemeindeentwürfe. Entscheidend ist die Bereitschaft, jenes Licht Gottes in sich aufzunehmen und sich von ihm durchdringen und verwandeln zu lassen. Doch die Dynamik der göttlichen Wirklichkeit belässt die christliche Gemeinde nicht in ihrer Selbstgenügsamkeit, sondern treibt jene an, nun selbst mit der göttlichen Gnade zu wirken und eingedenk ihres ureigenen Auftrags bis an die Grenzen der Erde und zu allen Völkern zu gehen (vgl. Mt 28,19 par). *„Diese Bereitschaft, sich von Gottes überreich gewordener Gnade nicht beschämen zu lassen, sondern nun selbst in den Dank der Vervielfältigung der ‚Kircheneucharistie' zu treten,*" so Bischof Wanke, *„ist nach Paulus die Herzmitte einer missionarischen Spiritualität.*"[74] Gott will in seiner Herrlichkeit aufscheinen im gottzentrierten Zusammenspiel der Gemeinde, das sich orchestral entfaltet und jeden und alles in die Aufwärtsbewegung mit einbeziehen will – Gott zur Verherrlichung. Mann um Mann, Frau um Frau ... sollen wir *„zum Chore werden, der in Einmütigkeit zusammenklingt, Gottes Melodie in Einheit aufnimmt und einstimmig dem Vater durch Jesus Christus lobsingt*", wie Ignatius von Antiochien († 117) schreibt.[75]

Diese Melodie Gottes, die im Lebenszeugnis wie im Lobpreis der einzelnen Christen wie der christlichen Gemeinde durch die Jahrhunderte klingt, gibt den Grundton kirchlichen Selbstverständnisses an, den das II. Vatikanische Konzil programmatisch aufgegriffen und damit die Zielrichtung kirchlichen Handelns bestimmt hat: *„Christus ist das Licht der Völker. Darum ist es der dringende Wunsch ..., alle Menschen durch seine Herrlichkeit, die auf dem Antlitz der Kirche widerscheint, zu erleuchten, indem sie das Evangelium allen Geschöpfen verkündet* (vgl. Mk 16,15)."[76]

Noch einmal: wo ist der Ort des einzelnen Christen in dieser Kirchenvision? Es sind diese kleinen vier vorgeschalteten Worte: *„all das euretwegen"* – *ta panta di hymin*. Wer zuinnerst so von Gott angegangen, von der Größe und Herrlichkeit Gottes überwältigt ist, dem ist es ein inneres Bedürfnis, dass sein Name auf Erden groß gemacht wird, dass immer mehr Menschen von ihm erfasst werden und darum auch selber den Mund und das Herz auftun, ihm zu danken und ihn zu preisen – auf der Klaviatur der eigenen Existenz, des eigenen Lebens. Dieser Chorsatz ist kein Lippenbekenntnis, sondern Lebenseucharistie: ein Leben zur Danksagung und Verherrlichung Gottes – leidenschaftlich kirchlich. Das ist es, was Paulus wirklich wichtig ist. Das rechtfertigt auch den totalen Einsatz des Apostels und all die Leiden, Nöte und Kämpfe, die Paulus dafür auf sich nimmt. In allen Bedrängnissen ist er Zeuge für das Wachstum der Kirche, die aus der (personalen wie kollektiven) Einheit „in Christus" (en *Christo*)[77] ihre Kraft und Dynamik erfährt: Kirche wächst aus ihrem Ursprung. Es kostet alles, so klingt es aus den Worten des Paulus, aber, so unüberhörbar die Botschaft zwischen den Zeilen, er möchte auch mit niemandem tauschen in diesem herrlichen Aposteldienst. *„Alles tun wir euretwegen, damit immer mehr Menschen aufgrund der überreich gewordenen Gnade den Dank vervielfachen, Gott zur Ehre"* (2 Kor 4,15).

Anmerkungen

[1] Lumen Gentium (LG). Dogmatische Konstitution über die Kirche, 1.
[2] Apostolicam actuositatem (AA). Dekret über das Laienapostolat.
[3] Perfectae caritatis (PC). Dekret über die zeitgemäße Erneuerung des Ordenslebens.
[4] Presbyterorum Ordinis (PO). Dekret über Dienst und Leben der Priester.
[5] Christus Dominus (CD). Dekret über die Hirtenaufgabe der Bischöfe.
[6] Einheitsübersetzung. Andere Übersetzungsmöglichkeit: „Wir alle schauen wie im Spiegel die Herrlichkeit des Herrn". Vgl. hierzu im Folgenden M. Margareta Gruber, Herrlichkeit in Schwachheit, Forschung zur Bibel, Bd. 38, Würzburg 1998; H.-J. Klauck, Neue Echter Bibel, Bd. 8, Würzburg 1986, S. 39-44.
[7] „Herrlichkeit", hebr. kabod, ist einer der Schlüsselbegriffe alttestamentlicher Theologie und meint jene „Lichtwucht" und Heiligkeit Jahwes.

[8] Vgl. Presbyterorum Ordinis n. 8
[9] Hier kommt das Bild des Spiegels (griech. katoptrízo – wie in einen Spiegel schauen) an seine Grenze. Besser würde man vom durchscheinenden „sakramentalen Bild", der Ikone sprechen: Kirche als „Ikone der Dreifaltigkeit".
[10] Johannes Paul II., Enzyklika „Ecclesia de Eucharistia", Nr. 50.
[11] Gruber übersetzt dicht am Text: *„Denn das flüchtige Leichte unserer Bedrängnis erwirbt uns nämlich in übermäßigem Übermaß eine ewige Wucht an Herrlichkeit"*, a.a.O. S. 39.
[12] Franz Lehar, Das Land des Lächelns, Operette.
[13] Klaus Hemmerle, Predigt am 7.11.1993, in: Heinz Collas (Hg.), Nicht Nachlaßverwalter, sondern Wegbereiter, Aachen 1994, S. 108.
[14] Trendmonitor „Religiöse Kommunikation" 2003, Allensbacher Archiv, IfD-Umfrage 4263, Okt./Nov. 2002, S. 162.
[15] Nach einer Allensbach-Umfrage von 2009 bezeichnen sich 17 % aller Katholiken in Deutschland als „Gläubige Kirchennahe", 37 % als „Kritische Kirchenverbundene", fast 50 % sich als distanziert, unsicher oder nicht religiös: Sekretariat der Deutschen Bischofskonferenz: Katholische Kirche in Deutschland. Zahlen und Fakten 2010/11 (Arbeitshilfe 249), Bonn 2011, S. 7.
[16] Zitiert nach: Newsletter Radio Vatikan (rv/kirchenradio/katholisch.de) vom 25.01.2013.
[17] Ebd.
[18] Joachim Wanke in: Die Deutschen Bischöfe, 68, „Zeit zur Aussaat", S. 35.
[19] Seit 1990 liegt die Zahl der Kirchenaustritte bei jährlich über 100.000; im Jahr 2011 waren es 126 488 Katholiken. Zwar steigt auch die Zahl der Wiederaufnahmen in die katholische Kirche seit 1990, allerdings auf niedrigem Niveau: 2005 über 11 000 Katholiken: 2011 waren es 7 163. Quelle: Arbeitshilfen 257, S. 16.
[20] Michael Ebertz: „Kirche im Gegenwind. Zum Umbruch der religiösen Landschaft", Freiburg 1997, S. 132. Demzufolge haben die *„kommunikativen, sozialstrukturellen, generationellen und damit auch ästhetischen Milieuverengungen bereits erheblich dazu beitragen, viele Menschen in Distanz, ja in absoluter Beziehungslosigkeit zum kirchlichen Leben zu halten, nicht zuletzt auch Jugendliche"* (ebd. S. 135). Vgl. ders., Aufbruch in der Kirche, Anstöße für ein zukunftsfähiges Christentum", Freiburg 2003.
[21] Quelle: Trendmonitor 2003.
[22] In 16 Jugendverbänden und -organisationen sind rund 660 000 Kinder und Jugendliche im Alter zwischen 7 und 28 Jahren organisiert; 2009 gab es in Deutschland 436 228 Ministrantinnen und Ministranten. Quelle: Arbeitshilfen 257, S. 30.
[23] So sinkt die Zahl der Priesterkandidaten in den deutschen Diözesen kontinuierlich: von 2920 (1980) auf 1497 (1995) auf 798 (2010). Quelle: Zentrum für Berufungspastoral, Internetpräsentation www.berufung.org (September 2005); Arbeitshilfen 249, S. 12.
[24] Von 186 (1994) auf 112 (2004) auf 80 (2010). Quelle: Zentrum für Berufungspastoral, Internetpräsentation www.berufung.org; Arbeitshilfen 249, S. 12.

[25] 2010 waren in Deutschland 1711 Priester aus dem Ausland tätig, vorwiegend aus Indien und Polen. Quelle: Arbeitshilfen: 257, S. 13.
[26] So ist die Zahl der katholischen Trauungen in Deutschland von über 110 000 (Ende der 80er Jahre) auf 46 021 (2011) zurückgegangen. Quelle: Arbeitshilfen 257, S. 15.
[27] Die Zahl der Ordensfrauen in Deutschland sank von 39 703 (1994) auf 26 730 (2004), von denen 20 209 älter als 65 Jahre waren (rd. 75 %). Quelle: Vereinigung der Ordensoberinnen Deutschlands VOD (Februar 2005); Nach der Erhebung von 2011/12 gibt es 20 200 Ordensfrauen und 4 290 Ordensmänner. Quelle: Arbeitshilfen 257, S. 22.
[28] Das Schuldbekenntnis Papst Johannes Pauls II., von manch einem als schwächlich und schwächend abgelehnt, dokumentiert auf eindrucksvolle Weise, dass gerade auch in der Anerkenntnis der eigenen Hinfälligkeit und Zerbrechlichkeit, ja im Eingeständnis der Sündigkeit, der Schatz der Herrlichkeit Gottes aufzuleuchten vermag.
[29] Die Societas-Perfecta-Lehre galt als Leitperspektive der antimodernen Ekklesiologie von Pius IX. bis Pius XII. Thomas von Aquin spricht statt dessen von *communitas perfecta* bzw. im augustinischen Sinn von *civitas* (vgl. *Summa theologiae* I-II. q. 90 a. 3), die sich auch auf die politische Macht (*regnum*) erstreckte. Interessant ist, dass die Kategorie *societas perfecta* dagegen von Karol Wojtyla in seinem Konzilsbeitrag wieder aufgegriffen (vgl. *Acta synodalia* II/3, S. 155-156).
[30] Vgl. hierzu F.-X. Kaufmann / A. Zingerle (Hrsg.), Vatikanum II und Modernisierung, Paderborn 1996.
[31] Karl Lehmann, „Neue Zeichen der Zeit. Unterscheidungskriterien zur Diagnose der Kirche in der Gesellschaft und zum kirchlichen Handeln heute", III. 10, Eröffnungsreferat des Vorsitzenden der Deutschen Bischofskonferenz, 19. September 2005 in Fulda, Manuskript, S. 24.
[32] So der Beginn der Enzyklika Papst Johannes' XXIII., Mater et Magistra, 15. Mai 1961.
[33] Gregory Michael Aymond, Erzbischof von New Orleans, am 28. 2. 2004 am Rande einer Konferenz deutschsprachiger Regenten in Houston, Texas (28. 2. 2004), damals Bischof von Austin und Vorsitzender der Kommission der amerikanischen Bischofskonferenz für den Schutz von Kindern und Jugendlichen.
[34] Vgl. Benedikt XVI., Licht der Welt: Der Papst, die Kirche und die Zeichen der Zeit, Ein Gespräch mit Peter Seewald, Freiburg 2010, S. 40-51.
[35]Johannes Chrysostomos, Hom. 10,3 ad 1 Tim, PG 62, 551f.
[36] Epistola ad Diognetum, Nr. 5-6: Opera patrum apostolicorum, Hg. Franz Xaver Funk, Bd. 1, Tübingen 1881, S. 317-321.
[37] Jeremias Gotthelf, Ein Bild aus dem Übergang, Bern 1853. Zitiert bei Jürg Stüssi-Lauterburg, Der Weg ins Grauholz, Zürich 1992.
[38] Papst Benedikt XVI., Predigt zur Eröffnung der XI. Weltbischofssynode, zit. nach Radio Vatikan Newsletter vom 3.10.2005.
[39] Hubert Frankemölle, Echter Bibel, Bd. 18 u. 20, Würzburg 1987, S. 81.
[40] P. Alfred Delp SJ, Im Angesicht des Todes, Frankfurt 10/1976, S. 160f.
[41] Vgl. Friedrich Nietzsche: „Ist nicht die Größe dieser Tat zu groß für uns?

Müssen wir nicht selber zu Göttern werden, nur um ihrer würdig zu erscheinen?"(Der tolle Mensch: Die fröhliche Wissenschaft, Aph 125)

[42] Hermann Lübbe, „Religion nach der Aufklärung", München 1991².; vgl. Schumacher, Manuskript 34.

[43] Leo Scheffczyk, Gott-loser Gottesglaube? Die Grenzen des Nichttheismus und ihre Überwindung, Regensburg 1974, S. 9. Vgl. Joseph Schumacher, Die Gottesfrage heute, Vorlesungsmanuskript, S. 8.

[44] Thomas von Aquin, Summa Theologiae, 1a, q 12,a.

[45] Le pèlerin et le converti. La religion en mouvement, Paris 1999; vgl. Nientiedt, HK 8/1999 ; vgl. Danièle Hervieu-Léger, Catholicisme, la fin d'un monde, (Bayard) , Paris 2003 ⁴. Hervieu-Léger vertritt darin die These einer „exkulturierten" Kirche , einer l'Eglise „exculturée": (p. 332).

[46] Vgl. Paul Josef Cordes, „Nicht immer das alte Lied. Neue Glaubensanstöße der Kirche", Paderborn 1999.

[47] *Predigt von Johannes Paul II., Petersplatz, Samstag, 25. Mai 1996, zur* Einweihung der großen Stadt-Mission, in Vorbereitung des Jubiläums des dritten Jahrtausends.

[48] Ebd.

[49] Man denke etwa an jene großen strukturellen Veränderungen wie den Verlust weltlicher Macht als Folge des Investiturstreits (11./12. Jhd.) und der Säkularisation (1803), den Verlust des Kirchenstaates im Zuge des Risorgimento (1870), die staatlichen Beschneidungen der Kirche im Kulturkampf unter Bismark (1874).

[50] Papst Benedikt XVI., Rede im Freiburger Konzerthaus, 25.09.2011.

[51] François Xavier Nguyên Van Thuan, Hoffnung, die uns trägt. Die Exerzitien des Papstes, Freiburg 2001.

[52] Karl Kardinal Lehmann / Alfred Delp. Geistliche Gestalt und Vision zur Zukunft der Kirche. Vortrag bei der Matinée anlässlich des 100. Geburtstages von Alfred Delp „Das letzte Wort haben die Zeugen" am 27. Oktober 2007 in Mainz (Erbacher Hof).

[53] So lässt Nietzsche den tollen Menschen ausrufen: „Was taten wir, als wir diese Erde von der Sonne losketteten. Wohin bewegt sie sich nun? Wohin bewegen wir uns? Fort von allen Sonnen? ... Ist es nichtkälter geworden? Kommt nicht immerfort die Nacht und mehr Nacht? ... Ist nicht die Größe dieser Tat zu groß für uns? Müssen wir nicht selber zu Göttern werden, nur um ihrer würdig zu erscheinen?" (Die fröhliche Wissenschaft, Aph 1259.)

[54] *CCEE, Kommission „Caritas in Veritate"*, Zypern, 5. 9. 2012.

[55] Paul Michael Zulehner: Priesterliche Identität im Wechsel der Zeit, in: Peter Klasvogt (Hg.), Leidenschaft für Gott und sein Volk, Paderborn 2003² S. 44.

[56] Marianne Gronemeyer, Leben als letzte Gelegenheit. Zeitknappheit und Sicherheitsbedürfnisse, Darmstadt 1993.

[57] Hans Magnus Enzensberger, Die Große Wanderung: 33 Markierungen; mit einer Fußnote „Über einige Besonderheiten bei der Menschenjagd", Frankfurt 1992 ⁴.

[58] Vgl. Evangelii Nuntiandi, Verlautbarungen des Apostolischen Stuhls, 2, Apostolisches Schreiben Papst Pauls VI. über die Evangelisierung in der

Welt von heute (EN), 8. Dez. 1975 (Hg. Sekretariat der Deutschen Bischofskonferenz).
[59] Tomáš Halík, Nachtgedanken eines Beichtvaters, Freiburg 2012, S. 257f.
[60] „A lesson in forgiveness for a troubled world"
[61] „... in an extraordinary moment of grace , the violence in St. Peter's Square was transformed. ...In a startling drama of forgiveness and reconciliation."
[62] Vgl. Richard P. Fitzgibbons, The Cognitive and Emotive Uses of Forgiveness in the Treatment of Anger, in: Psychotherapy, Vol. 23, No. 4, Winter, 1986.
[63] Vgl. Frank G. Goble, The Third Force: The Psychology of Abraham Maslow, New York 1970; Vgl. Loughlan Sofield (u.a.), Forgiveness: New Life, in: Dies., Design for Wholeness, Notre Dame, Indiana 1990, S. 59-80.
[64] Thomas von Aquin, Summa theologica, I.21,3 ad 2.
[65] Thomas von Aquin, Kommentar zum Matthäusevangelium (5,2).
[66] Als Papst Kallistus I. (217-230), ein freigelassener Sklave, die sog. „zweite Buße" (nach der Taufe) erlaubte, war der Theologe und Kirchenschriftsteller Hippolyt so erzürnt, dass er sich zum Gegenpapst wählen ließ. Die Spaltung dauerte noch unter dem nachfolgenden Papst Pontianus (230-235) an, als dieser zusammen mit Hippolyt unter Kaiser Maximus nach Sardinien verbannt wurde. Im Arbeitslager in den dortigen Bergwerken haben sich schließlich beide versöhnt, und Hippolyt verzichtete kurz vor seinem Tod auf seine Ansprüche. Die Kirche verehrt beide als Heilige und hat ihr Gedenken bezeichnenderweise auf denselben Tag gelegt.
[67] Zur Entwicklung des Bußinstituts vgl. Karl-Josef Klär, Das kirchliche Bußinstitut von den Anfängen bis zum Konzil von Trient, Europäische Hochschulschriften, Reihe 23, Bd. 413, Frankfurt u.a. 1991.
[68] Es ist bezeichnend, dass in den Parallelstellen die Binde- und Lösegewalt den Jüngern, damit der Kirche als Ganzem zugeschrieben wird: Mt 18,18; Joh 20,23
[69] Tomáš Halík, Nachtgedanken eines Beichtvaters, Freiburg 2012, S. 13f.
[70] Joseph Cardinal Bernardin, The gift of peace: Personal reflections. (Doubleday), 1998.
[71] vgl. Johannes Paul II., Redemptor Hominis 14, 4.3.1979.
[72] „In der Tat, ein solches Zeugnis ist bereits stille, aber sehr kraftvolle und Wirksame Verkündigung der Frohbotschaft (EN 21).
[73] Hans-Kosef Klauck, Die Neue Echter Bibel, Kommentar zum Neuen Testament, 2. Korintherbrief, Bd. 8, Würzburg 1986, S. 47.
[74] Joachim Wanke, Anforderungsprofil in einer evangelisierenden Kirche, in: Peter Klasvogt (Hg.), Leidenschaft für Gott und sein Volk, Priester für das 21. Jahrhundert, Paderborn 2003², S. 69.
[75] Ignatius von Antiochien, Brief an die Epheser 4,2.
[76] LG 1.
[77] Paulus verwendet den Ausdruck „in Christus" (en Christo, en kyrio, en Christo Iesou, en auto etc.) allein 216 Mal in seinen Briefen. Diese innerste Einheit mit Christus dürfte daher wohl mit Recht als Dreh- und Angelpunkt der paulinischen Erlösungslehre verstanden werden.